Wolls Lehr- und Handbücher der Wirtschafts- und Sozialwissenschaften

Herausgegeben von
Universitätsprofessor Professor h. c. Dr. Dr. h. c. Artur Woll

Bisher erschienene Werke:

Aberle, Transportwirtschaft, 2. A.
Assenmacher, Konjunkturtheorie, 8. A.
Barro, Makroökonomie, 3. A.
Barro · Grilli, Makroökonomie – Europäische Perspektive
Barro · Sala-i-Martin, Wirtschaftswachstum
Blum, Volkswirtschaftslehre, 2. A.
Branson, Makroökonomie, 4. A.
Bretschger, Wachstumstheorie, 2. A.
Brösse, Industriepolitik, 2. A.
Büschges · Abraham · Funk, Grundzüge der Soziologie, 3. A.
Cezanne, Allgemeine Volkswirtschaftslehre, 3. A.
Fischer · Wiswede, Grundlagen der Sozialpsychologie
Glastetter, Außenwirtschaftspolitik, 3. A.
Leydold, Mathematik für Ökonomen
Müller, Angewandte Makroökonomik
Rosen · Windisch, Finanzwissenschaft I
Rush, Übungsbuch zu Barro, Makroökonomie, 3. A.
Sachs · Larrain, Makroökonomik - in globaler Sicht
Schneider, Grundlagen der Volkswirtschaftslehre, 3. A.
Tirole, Industrieökonomik, 2. A.
Varian, Mikroökonomie, 3. A.
Wachtel, Makroökonomik
Wacker · Blank, Ressourcenökonomik I
Wacker · Blank, Ressourcenökonomik II
Wohltmann, Grundzüge der makroökonomischen Theorie, 2. A.

Ressourcen-ökonomik

Band II: Einführung in die Theorie erschöpfbarer natürlicher Ressourcen

Von

PD Dr. Holger Wacker

und

Dr. Jürgen E. Blank

R. Oldenbourg Verlag München Wien

Die Deutsche Bibliothek - CIP-Einheitsaufnahme

Wacker, Holger:
Ressourcenökonomik / von Holger Wacker und Jürgen E. Blank. -
München ; Wien : Oldenbourg
(Wolls Lehr- und Handbücher der Wirtschafts- und Sozialwissenschaften)

Bd. 2. Einführung in die Theorie erschöpfbarer natürlicher Ressourcen. - 1999
ISBN 3-486-24522-8

Rosenheimer Straße 145, D-81671 München
Telefon: (089) 45051-0, Internet: http://www.oldenbourg.de

Gedruckt auf säure- und chlorfreiem Papier
Gesamtherstellung: Druckhaus „Thomas Müntzer" GmbH, Bad Langensalza

ISBN 3-486-24522-8

Inhaltsverzeichnis

Abbildungs- und Tabellenverzeichnis

Vorbemerkung

Der vorliegende zweite Band der Ressourcenökonomik hat als Zielsetzung, eine systematische Darstellung der ökonomischen Theorie erschöpfbarer natürlicher Ressourcen zu liefern.

Wie schon der erste Band ist auch dieses Lehrbuch im Umfang so gehalten, dass es in einer einsemestrigen Vorlesung behandelt werden kann. Aus diesem Grunde werden auch bestimmte Themen, wie die Modellierung von stochastischen Angebotsschocks durch Explorationstätigkeiten, nicht erörtert. In den Kapiteln 1 und 2 werden die Grundlagen der Theorie erschöpfbarer natürlicher Ressourcen entwikkelt. Im dritten Kapitel erfolgt die Darstellung der Preis- und Mengenpfade in einem wettbewerblichen und einem monopolistischen Markt. Im vierten Kapitel werden die Wirkungen bestimmter Größen auf die Gleichgewichtspfade erläutert. Oligopolistische Marktstrukturen werden in den Kapiteln 5 und 6 betrachtet. Dabei wird zunächst die Marktform vorgestellt, in der eine dominierende Kartellgruppe neben weiteren kleinen Wettbewerbsanbietern agiert. Danach erfolgt eine Beschreibung reiner oligopolistischer Märkte, wobei zur Veranschaulichung numerische Darstellungen gewählt werden. In den Kapiteln 7 und 8 werden die Bedeutung und das Angebotsverhalten einer ressourcenexportierenden Volkswirtschaft analysiert. Der Einsatz von erschöpfbaren natürlichen Ressourcen in Produktionsprozessen wird in Kapitel 9 dargestellt. In den Kapiteln 10 bis 12 wird dieser Ansatz um die Möglichkeit der Rezyklierung und die Bedeutung von Umwelteffekten erweitert.

Sollen sowohl die Theorie der regenerativen als auch der erschöpfbaren natürlichen Ressourcen in einer einsemestrigen Veranstaltung gelesen werden, so empfehlen wir die Kapitel 1 bis 6 aus dem Band I und die Kapitel 1 bis 5 sowie das Kapitel 9 aus dem vorliegenden zweiten Band.

Da die ökonomische Theorie erschöpfbarer natürlicher Ressourcen aufgrund der expliziten Berücksichtigung intertemporaler Enscheidungsprozesse notwendigerweise formal etwas anspruchsvoll ist, werden alle mathematischen Operationen ausführlich kommentiert und ihre Ergebnisse graphisch umgesetzt. Für eine erste Auseinandersetzung mit dem Stoff dieses Lehrbuches raten wir von einer selektiven Vorgehensweise ab. Der vorliegende zweite Band erfordert keine Kenntnis des ersten Bandes.

Wie bereits beim ersten Band danken wir Hartmut Clausen, der wiederum durch seine zahlreichen Anregungen und Hinweise entscheidend zur Verbesserung der Entwürfe beigetragen hat. Ferner danken wir Sven Flakowski, Alexander Smajgl und Jens Weyer für ihre wiederholten hilfreichen Kommentare und Verbesserungsvorschläge. Trotz aller Mühe sind nicht alle Unzulänglichkeiten eliminiert worden. Die verbliebenen Mängel gehen selbstverständlich zu unseren Lasten. Etwaige kleinere Fehlerkorrekturen und zusätzliche Hinweise sind im Internet unter der Web-Adresse ⟨http:/ / www - wiwi. uni - muenster. de/ ~ 15 / veranst / buecher / umwelt. htm⟩ zu finden.

Münster,

Jürgen Blank und Holger Wacker

Teil 1: Einleitung und Grundlagen

Kapitel 1: Erschöpfbare natürliche Ressourcen

A. Thematische Abgrenzung und Differenzierung von Ressourcensystemen

Der vorliegende zweite Band der Ressourcenökonomik beschränkt sich auf die ökonomische Analyse von erschöpfbaren natürlichen Ressourcen. Erschöpfbare, nicht-regenerative oder begrenzte natürliche Ressourcen zeichnen sich dadurch aus, dass sie sich innerhalb menschlicher Zeiträume, nicht erneuern. Ihre natürliche Erneuerungszeit liegt jenseits der ökonomischen Relevanz.

Bei den erschöpfbaren natürlichen Ressourcen lassen sich zwei Typen unterscheiden. Zum einen sind dies Ressourcen, die durch Nutzung verbraucht werden; wie beispielsweise die **Energieressourcen** Kohle, Erdöl und Erdgas. Der zweite Typ bilden diejenigen Ressourcen, die nach der Nutzung prinzipiell wieder dem Produktionsprozeß zugeführt werden können. Hierzu gehört vor allem die Gruppe der **mineralischen Ressourcen,** welche potentiell rezyklierbar sind. Allerdings erfordert die **Rezyklierung** ihrerseits wieder den Input von Produktionsfaktoren, was die verfügbare Konsummenge reduziert. Somit stellt sich trotz Rezyklierungsmöglichkeit immer noch das Problem der optimalen Nutzung der Ressource über die Zeit, allerdings erweitert um die Abwägung, wann die Nutzung der Ressource aus dem natürlichen Bestand, also als **Primärressource**, und wann sie aus dem durch Rezyklierung gewonnenen **Sekundärbestand** erfolgen soll. Bei den rezyklierbaren Ressourcen handelt es sich im Allgemeinen um metallische Rohstoffe. Neben diesen metallischen Rohstoffen gibt es nicht-metallische Rohstoffe, zu diesen gehören beispielsweise die natürlichen Ressourcen Erdboden und Wasser.

Zu den bedeutendsten erschöpfbaren natürlichen Ressourcen gehören, wie schon erwähnt die **Energieressourcen**. Nach dem **ersten Hauptsatz der Thermodynamik** kann in einem geschlossenen System keine Energie verloren gehen, jedoch verlangt jeder Produktionsprozess entsprechend dem **zweiten Hauptsatz der Thermodynamik** die Zufuhr von Energie. Diese wird in einem geschlossenen System in minderwertige Energie, zumeist in Abwärme, umgewandelt. Aufgrund dieser thermodynamischen Gesetzmäßigkeiten ist ein ewiger Rezyklierungskreislauf bei mineralischen, wie auch bei Energieressourcen, nicht möglich. Zum einen erfordern Rezyklierungsaktivitäten wegen der generell zunehmenden Entropie den Einsatz von Energie, zum anderen kann nie sämtlicher Rohstoff zu einhundert Prozent zurückgewonnen werden, da unweigerlich Schwund entsteht oder aber der Rohstoff so weit räumlich verteilt ist, dass eine Rezyklierung auch bei steigenden Rohstoffpreisen unwirtschaftlich bleiben wird.

Energieressourcen finden sich zum einen in Form von **Stromgrößen**, zum anderen in Form von **Bestandsgrößen**. Die Erde ist kein wirklich geschlossenes System, sondern erhält laufend und für menschliche Zeithorizonte nahezu unendlich lange Energiezuflüsse in Form von Sonnenenergie. Diese Energiezufuhr ist also als eine Stromgröße anzusehen. Die Sonnenenergie kann direkt mittels Photovoltaik genutzt werden oder indirekt über nachwachsende Rohstoffe, aber auch mittels der Nutzung von Wind- und Gezeitenkraftwerken. Energieressourcen finden sich als Bestandsressourcen in Kohle-, Erdöl- und Erdgasvorkommen. Diese Bestände sind das Ergebnis von Ansammlungen und Transformationen nachwachsender Rohstoffe über Millionen von Jahren. Diese Vorkommen sind in dem Sinne erschöpfbar, dass sie sich innerhalb menschlicher Zeiträume nicht mehr regenerieren. Eine heute genutzte Einheit bleibt somit zwar energetisch erhalten, steht jedoch durch die Umwandlung in „minderwertige" Wärmeenergie ökonomisch nicht mehr für eine künftige Nutzung zur Verfügung.

Die Tabelle 1.1 gibt einen Überblick über die Gliederung natürlicher erschöpfbarer Ressourcen hinsichtlich ihrer Bereitstellung durch die Natur und ihrer Nutzungsmöglichkeit. Dieses Lehrbuch beschränkt sich allerdings nur auf die Bestandsressourcen.

	Nutzung durch Bestandsabbau		**Direkte Nutzung**
Bestandsressource	Nicht-rezyklierbar	Rezyklierbar	
	Energieressourcen	Metallische Rohstoffe	Nicht-metallische Rohstoffe
Stromressource	Biomasse		Sonnenenergie, Erdwärme

Tabelle 1.1: Gliederung natürlicher Ressourcen

B. Ressourcen und Reserven

Bei der Nutzung erschöpfbarer natürlicher Ressourcen steht immer wieder die Frage zur Diskussion, wie lange die Vorräte in die Zukunft reichen. Eine der bekanntesten Kenngrößen in diesem Zusammenhang ist das **Reserve-Produktionsverhältnis**.

Das Reserve-Produktionsverhältnis gibt an, wie lange die Reserven bei konstantem Verbrauch noch zu nutzen sind; man spricht deshalb auch von der **statischen Reichweite**. In der Öffentlichkeit ist die Bedeutung der Endlichkeit vieler wichtiger natürlicher Ressourcen nach der Veröffentlichung des Berichts „Die Grenzen des Wachstums" durch den Club of Rome im Jahre 1972 erstmals diskutiert worden. Demnach wären viele erschöpfbare natürliche Ressourcen bereits heute ausgebeutet oder kurz vor ihrem Erschöpfungszeitpunkt. Die Tabelle 1.2 gibt für ausgewählte Rohstoffe den Erschöpfungszeitpunkt entsprechend dem Reserve-Produktionsverhältnis, wie seinerzeit vom Club of Rome prognostiziert, an.

Ressourcenart	**Statische Reichweite**	**Ressourcenart**	**Statische Reichweite**
Gold	1983	Kupfer	2008
Quecksilber	1985	Erdgas	2010
Zinn	1989	Wolfram	2012
Zink	1995	Molybdän	2051
Blei	1998	Mangan	2069
Erdöl	2003	Aluminium	2072

Quelle: Bericht des Club of Rome, 1972

Tabelle 1.2: Statische Reichweite ausgewählter erschöpfbarer natürlicher Ressourcen

Offensichtlich sind zum derzeitigen Zeitpunkt weder Gold, Quecksilber, Zinn, Zink noch Blei bereits erschöpft. Ebenfalls ist nicht zu erwarten, dass die Vorkommen an Erdöl oder Erdgas im kommenden Jahrzehnt zu Ende gehen werden. Für Erdöl lag die statische Reichweite zum Jahresende 1997 bei 41 und für Erdgas bei 64 Jahren. Jedoch ist keineswegs davon auszugehen, dass mit der statischen Reichweite auch der tatsächliche Erschöpfungszeitpunkt einhergeht. Zwei Gründe sind dafür ausschlaggebend: Zum einen ist die Nachfrage vom Marktpreis abhängig. Ein geringeres Ressourcenangebot führt bei gegebener Nachfrage zu einem höheren Preis. Zudem stehen für viele Rohstoffe alternative Produkte als Substitute zur Verfügung, die die natürliche Ressource ersetzen oder ihre Nutzung zumindest zeitlich verlagern können. Die Frage der Marktpreisbildung und der Höhe des Ressourcenangebotes auch unter Berücksichtigung von **Ressourcensubstituten** stehen im Zentrum dieses Lehrbuches und werden in den nachfolgenden Kapiteln ausführlich behandelt. Der zweite Grund, warum die statische Reichweite beziehungsweise das Reserve-Produktionsverhältnis kein Indikator für den Erschöpfungszeitpunkt ist, liegt in der Definition der Begriffe Reserven und Ressourcen. Unter Reserven werden diejenigen nachgewiesenen Ressourcenvorräte verstanden, die bei gegebenen Bedingungen wirtschaftlich abbaubar sind. Zu diesen gegebenen Bedingungen zählen vor allem der aktuelle Ressourcenpreis und die Abbaukosten. Der Begriff der Ressourcen umfasst hingegen sämtliche auf der Erde physisch vorhandenen Rohstoffvorkommen. Entsprechend dem in der Abbildung 1.1 dargestellten **McKelvey-Diagramm** lassen sich die Reserven und die Ressourcen noch weiter unterteilen. Die nachgewiesenen Reserven lassen sich in die durch Probeerschließungen gemessenen sowie in die aufgrund von Explorationsbohrungen indizierten Reserven aufgliedern. Zusammen mit den Vorkommen, die aufgrund geologischen Wissens in noch nicht erforschten Gebieten geschlussfolgert werden können, bilden diese den Vorrat an identifizierten, also bekannten Vorkommen. Die unentdeckten Vorkommen unterteilen sich in die aufgrund geologischen Wissens hypothetischen Vorkommen in bereits erforschten Gebieten und in spekulative Vorkommen, die aufgrund geologischen Wissens in noch unerforschten Gebieten vermutet werden können. Die geologische Sicherheit nimmt in der Abbildung 1.1. von rechts nach links zu.

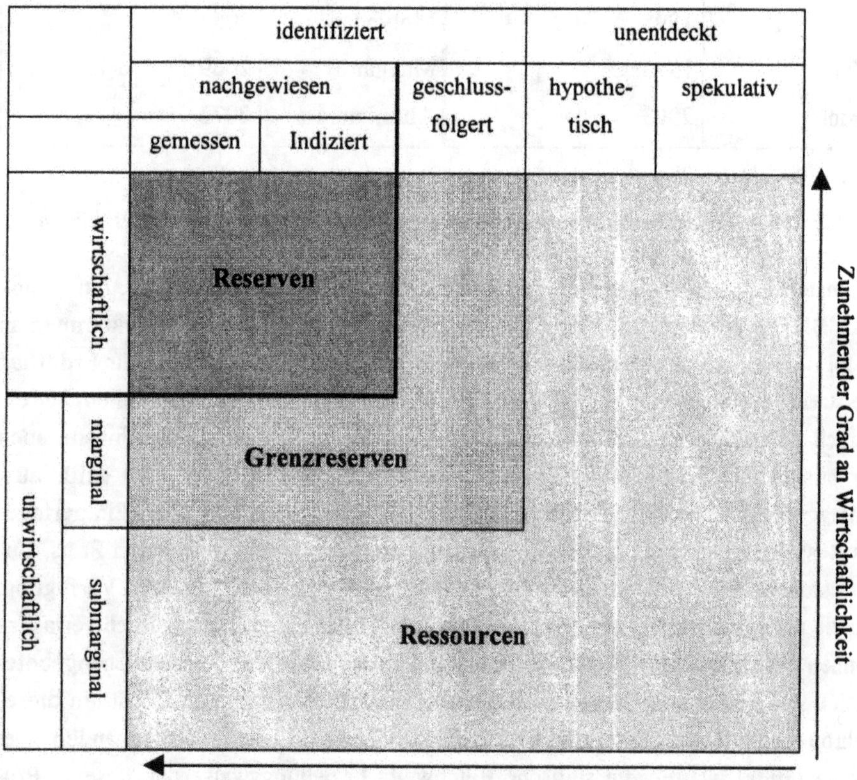

Abbildung 1.1: McKelvey-Diagramm zur Abgrenzung von Reserven und Ressourcen

Da laufend Explorationstätigkeiten stattfinden und sich die Marktpreise sowie Abbaukosten im Laufe der Zeit ändern, verschiebt sich auch laufend die Reservengrenze. Steigt der Marktpreis oder sinken die Abbaukosten aufgrund technischen Fortschritts in der Extraktionstechnologie, verschiebt sich die Reservengrenze nach unten. Werden neue Vorkommen durch Explorationstätigkeit nachgewiesen, so verschiebt sich die Reservengrenze weiter nach rechts. Sinken hingegen die Marktpreise, so werden bisherige Reserven zu Grenzreserven, die nur marginalen Gewinn liefern oder gar nur die variablen Kosten decken. Entweder sind die Explorations- und Set-up-Kosten bereits gedeckt oder aber sie werden als Sunk-costs betrachtet. Die Wirtschaftlichkeit der Ressourcennutzung nimmt in der Abbildung 1.1 von unten nach oben zu. Die statische Reichweite bezieht sich allein auf die nachgewiesenen und heute wirtschaftlich abbaubaren Reserven. Sie sind deshalb nur sehr bedingt ein Indikator für die zeitliche Verfügbarkeit von Ressourcenvorräten.

C. Marktstrukturen auf Ressourcenmärkten

Im Gegensatz zu den reproduzierbaren Gütern sind natürliche Ressourcenvorkommen hinsichtlich ihrer geographischen und geologischen Verteilung von der Natur vorgegeben. Aus diesem Grunde ist die Marktstruktur auf Ressourcenmärkten häufig bereits ebenfalls bestimmt, insbesondere wenn Staaten als Akteure auf diesen Märkten betrachtet werden. Eine Analyse von Ressourcenmärkten muss infolgedessen auch deren Strukturen berücksichtigen; also die Zahl der Anbieter, die durch die geologische und geographische Verteilung der natürlichen Ressource bestimmt wird, die Zahl der Konsumenten sowie die Marktmacht einzelner Anbieter, die sich durch den Grad an Wettbewerbsintensität beschreiben lässt. Die Marktform mit dem höchsten Grad an Wettbewerbsintensität ist der **vollkommene Wettbewerb**. Der Wettbewerbsmarkt ist charakterisiert durch eine sehr große Zahl von Marktteilnehmern, und zwar sowohl auf der Anbieter- als auch auf der Nachfrageseite. Jeder der Marktteilnehmer ist dabei so unbedeutend, dass er keinerlei Einfluss auf das Marktgeschehen nehmen kann. Die Marktteilnehmer verhalten sich als nutzenmaximierende und vorausschauende Akteure, die bezüglich einer Einflussnahme auf den Preispfad jedoch nicht strategisch handeln. Unter einer strategischen Verhaltensweise wird die Politik eines Akteurs verstanden, der sich der Tatsache bewusst ist, dass eine von ihm durchgeführte Aktion das Marktgeschehen beeinflusst. Im Bereich der erschöpfbaren natürlichen Ressourcen ist es nicht ungewöhnlich, dass einige Anbieter eine dominierende Marktposition einnehmen können. Ursachen können die gegenüber anderen Anbietern reichlichere Ausstattung mit Ressourcen, Kostenvorteile aber auch andere institutionelle Gründe sein. Neben diesen dominierenden

Anbietern existieren darüber hinaus noch eine Vielzahl von Staaten, die über relativ unbedeutende Ressourcenvorkommen, in ihrer Gesamtheit jedoch über einen markanten Marktanteil verfügen. Nichtsdestoweniger können diese Anbieter nicht strategisch agieren, sondern müssen sich als Preisnehmer verhalten und wie Mengenanpasser handeln. Diese aus vielen kleinen Wettbewerbsanbietern bestehende Gruppe wird als **Wettbewerbsrand** bezeichnet. Auch auf Seiten der Ressourcennachfrager ist eine derartige Marktstruktur häufig vertreten, wenn an ressourcenimportierende Staaten gedacht wird. So sind beispielsweise die USA, Japan und die Staaten der EU bezüglich des Ölimportes die dominierenden Nachfrager. Eine derartige Angebotsstruktur wird als **Oligopol** mit Wettbewerbsrand, die entsprechende Nachfragestruktur als **Oligopson** mit Wettbewerbsrand bezeichnet. Fehlt der Wettbewerbsrand, besteht die Anbieterseite folglich nur aus einer kleinen Gruppe, so liegt ein reines Oligopol vor. Besteht der Markt auch nur aus einer kleinen Zahl von Ressourcennachfragern, so liegt ein reines Oligopson vor. Die Marktform mit der geringsten Wettbewerbsintensität liegt dann vor, wenn es nur einen einzigen Anbieter (Monopol) oder nur einen einzigen Nachfrager (Monopson) gibt. Existieren nur ein Anbieter und ein Nachfrager, so liegt ein bilaterales Monopol vor. Jede dieser oben genannten Wettbewerbsstrukturen auf der Anbieterseite kann eine der Strukturen auf der Nachfrageseite gegenübergestellt werden und vice versa. Somit ergibt sich eine Vielzahl von Marktstrukturen, die einer theoretischen Analyse von Ressourcenmärkten zugrunde gelegt werden können. Eine Marktstruktur ist aber keine Konstante, sondern das Ergebnis zeitlicher Prozesse und strategischer Entscheidungen. Eine partialanalytische Darstellung unterschiedlicher Marktstrukturen auf Ressourcenmärkten erfolgt in Teil 2 dieses Lehrbuches.

Einen wesentlichen Einfluss auf die Marktstruktur hat die Form der Marktorganisation, also die Frage nach der Intensität von Kooperationen zwischen den Akteuren. Zum einen stellt sich die Frage nach kooperativen Formen auf einer Marktseite, beispielsweise in Form von Kartellbildungen, Absprachen etc., zum anderen stellt sich diese Frage im Zusammenhang mit marktübergreifenden, zweiseitigen Formen der Kooperation, etwa im Sinne internationaler Rohstoffabkommen. Obwohl die Form der Marktorganisation das Ergebnis strategischer Entscheidungsprozesse ist, wird sie vielfach vereinfachend als gegeben unterstellt. Notwendig ist es jedoch, die Form der Marktorganisation als einen endogenen Prozess strategischer Entscheidungen zu formulieren. Auf die Analyse von Kooperationen und Kartellbildungen, obwohl sie gerade im internationalen Ressourcenhandel immer wieder auftreten, wird in diesem Lehrbuch weitestgehend verzichtet.

Für viele Staaten sind Ressourcen ein bedeutender wirtschaftlicher Faktor und das mit Abstand wichtigste Exportgut. Der Aspekt des internationalen Ressourcenhandels aus Sicht einer ressourcenexportierenden Volkswirtschaft bildet den Schwerpunkt des dritten Teiles dieses Lehrbuches.

D. Erschöpfbare Ressourcen und intergenerationelle Gerechtigkeit

Natürliche Ressourcen werden im Allgemeinen nicht direkt konsumiert, sondern sind vor allem **Produktionsfaktoren**, die zusammen mit den anderen Produktionsfaktoren Arbeit und Kapital zur Produktion von Konsum- und Investitionsgütern eingesetzt werden. In der ressourcenökonomischen Theorie steht vor allem die Frage im Vordergrund, wie der Ressourceneinsatz über die Zeit effizient gesteuert werden kann, wenn neben den erschöpfbaren natürlichen Ressourcen auch die Produktionsfaktoren Arbeit und Kapital eingesetzt werden. Die modelltheoretische Analyse optimaler Allokationen der Produktionsfaktoren erfolgt meist aus der Sicht eines gesamtwirtschaftlichen Planers. Dieser sucht den optimalen Ressourceneinsatz, wobei er berücksichtigen muss, ob es sich um eine rezyklierbare oder nicht-rezyklierbare Ressource handelt. Bei nicht-rezyklierbaren Ressourcen stellt sich vor allem die Frage nach der Produktionsfunktion und damit nach der Substituierbarkeit zwischen den einzelnen Produktionsfaktoren. Diese führt auf das Problem der **intergenerationellen Gerechtigkeit**: Kann eine erschöpfbare natürliche Ressource heute derart genutzt werden, dass auch künftige Generationen noch daran teilhaben können, beziehungsweise ohne sie auskommen können?

Der vierte Teil dieses Lehrbuches wird sich mit der Problematik der Erschöpfbarkeit von natürlichen Ressourcen, die in einem wirtschaftlichen Produktionsprozess eingesetzt werden, ausführlich beschäftigen.

Kapitel 2: Preisbildung bei erschöpfbaren natürlichen Ressourcen

A. Einleitung

Erschöpfbare natürliche Ressourcen unterscheiden sich in ihrer Preisbildung von reproduzierbaren Gütern. Bei letzteren ergibt sich der Marktpreis auf einem vollkommenen Wettbewerbsmarkt aus dem Gleichgewicht von Angebot und Nachfrage. Die Marktangebotsfunktion resultiert aus dem Gewinnmaximierungskalkül eines repräsentativen Unternehmens, das den Marktpreis p als gegeben betrachtet. Dieses bietet entsprechend der aus der mikroökonomischen Theorie bekannten „Preis-gleich-Grenzkosten"-Regel an. Die Grenzkosten $c(q)$ werden als mengenabhängig angenommen, wobei sie mit zunehmender Menge ansteigen. In Abbildung 2.1 ist das daraus resultierende Marktgleichgewicht durch die Preis-Mengen-Kombination (p^*, q^*) beschrieben.

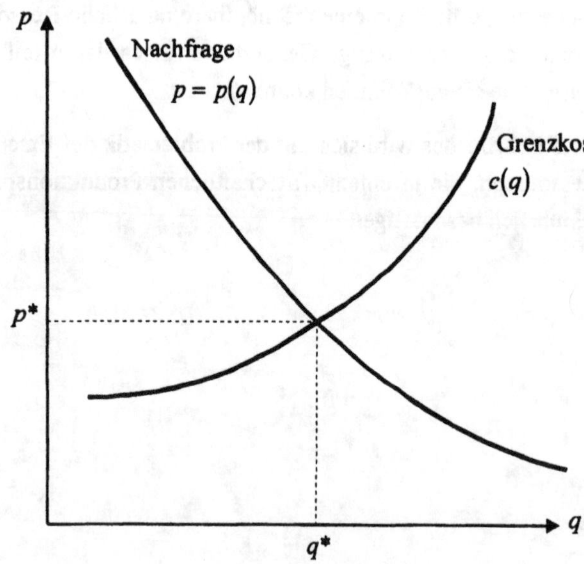

Abbildung 2.1: Preisbildung bei reproduzierbaren Gütern

Die in Abbildung 2.1 dargestellte Gleichgewichtslösung ist vollkommen zeitunabhängig. Die „Preis-gleich-Grenzkosten"-Regel gilt zu jedem Zeitpunkt t.

Eine erschöpfbare natürliche Ressource unterscheidet sich von einem normalen reproduzierbaren Gut durch ihre gegebene Anfangsausstattung und ihre Nicht-Reproduzierbarkeit. Eine heute extrahierte und verbrauchte Ressourceneinheit steht für künftigen Gebrauch nicht mehr zur Verfügung. Aus diesem Grund müssen zusätzlich **Opportunitätskosten** berücksichtigt werden, die den Wert ausdrücken, der zu einem späteren Zeitpunkt aus dem Gebrauch eben dieser Ressourceneinheit hätte entstehen können.

Anstelle der gewöhnlichen Effizienzbedingung

Preis = Grenzkosten, $(p^* = c^*)$

gilt für erschöpfbare Ressourcen also die modifizierte Effizienzbedingung

Preis = Grenzkosten (der Extraktion) + Opportunitätskosten.

Die Opportunitätskosten in einem beliebigen Zeitpunkt t lassen sich graphisch durch den Abstand der Grenzkostenkurve c^{**} und der Nachfragekurve bei der Angebotsmenge q^{**} und einem Marktpreis von p^{**}, wie in Abbildung 2.2 veranschaulicht, darstellen.

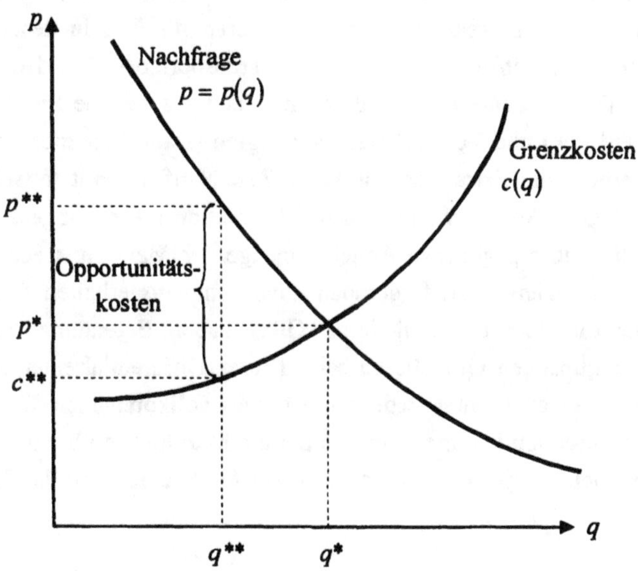

Abbildung 2.2: Preisbildung bei erschöpfbaren Ressourcen

Unter ansonsten gleichen Bedingungen, also gleicher Nachfrage- und Grenzkostenfunktion, wird von einer erschöpfbaren natürlichen Ressource zu einem beliebigen

Zeitpunkt *t* weniger angeboten als im Fall eines normalen reproduzierbaren Gutes, allerdings zu einem entsprechend höheren Preis. Bevor auf die Opportunitätskosten und ihre zeitliche Veränderung näher eingegangen wird, erfolgt in Abschnitt B die Erklärung der Lücke zwischen Preis und Grenzkosten in Anlehnung an die ricardianische Differentialrente. Die Herleitung der Opportunitätskosten aus intertemporalen Optimierungskalkülen erfolgt in Abschnitt C nach dem Ansatz von *L. Gray* und in Abschnitt D nach dem Ansatz von *Harold Hotelling*.

B. Das Konzept der Differentialrente

Nach *David Ricardo* (1817) erhält ein Grundbesitzer für seinen Ackerboden ein „Vorzugseinkommen", **Differentialrente** genannt, wenn dieser Boden eine bessere Qualität aufweist als der Boden desjenigen Grundbesitzers, der bei gegebenem Marktpreis gerade noch seine Grenzkosten decken kann.

Diese Überlegung lässt sich auch auf erschöpfbare natürliche Ressourcen anwenden. Die in der Erde befindlichen Vorkommen einer Ressource unterscheiden sich in vielerlei Hinsicht voneinander, was sich am Beispiel des Erdöls zeigen lässt. Die Rohölsorten unterscheiden sich in ihrer Qualität, was wiederum die Raffinierungskosten beeinflusst. Die Extraktionskosten divergieren für verschiedenen Ölfelder und je nach ihrer geographischen Lage auch die Transportkosten zu den relevanten Absatzmärkten. Der im Laufe der Extraktion notwendig werdende Einsatz von Sekundär- (Wasserdruck) und Tertiärfördertechnologien (Dampfinjektion und chemische Zusätze) erhöht die Extraktionskosten im Zeitablauf. Da mit fortschreitender Zeit zunehmend Ölvorkommen mit höheren Extraktionskosten abgebaut werden müssen, steigt bei einer gegebenen Angebotsmenge der Marktpreis ebenfalls. Die Besitzer eines kostengünstig zu fördernden Ölvorkommens erhalten folglich eine Differentialrente allein deshalb, weil sie das Glück haben, Eigentümer einer in der Förderung kostengünstigen Ölquelle zu sein. Dieser Differentialrenten-Ansatz erklärt zwar, warum es auch unter Bedingungen eines vollkommenen Wettbewerbsmarktes zu einer Situation kommen kann, in der die Marktpreise über den Grenzkosten liegen. Dennoch spiegelt der Ansatz von *Ricardo* nur einen Teil der Zusatzrente wider.

C. Die „r-Prozent-Regel" nach Gray

In einem weitgehend unbekannt gebliebenem Aufsatz zeigt *L. Gray* (1914), dass der Preis einer Einheit einer erschöpfbaren natürlichen Ressource neben den (Grenz-) Kosten der Extraktion auch eine Rente beinhalten muss. Diese Rente gibt die **Op-**

portunitätskosten an, die dadurch entstehen, dass ein Minenbesitzer durch die Extraktion einer Ressourceneinheit heute zwar sofort Nutzen erhält, die Ressource aber für einen späteren Zeitpunkt nicht mehr zur Verfügung steht und dann auch keinen Nutzen mehr stiften kann. *Gray* löst für den einzelnen Minenbesitzer ein **dynamisches Optimierungsproblem**, in dem der Erschöpfungszeitpunkt T und die jeweilige Extraktionsmenge R_t mit $t = (0, 1, \ldots, T)$ zu bestimmen sind, die den maximalen Gegenwartswert des Gewinnstromes Π über den gesamten Extraktionszeitraum von 0 bis T liefern.

Das Modell von *Gray* ist allerdings durch eine Reihe restriktiver Annahmen beschrieben:

- Der (reale) Preis einer Ressourceneinheit p_t ist für die gesamte Nutzungsdauer der Ressource exogen gegeben und konstant: $\overline{p}$.
- Der Ressourcenbestand ist zum Zeitpunkt $t = 0$ endgültig gegeben: $S_{t=0} = S_0$.
- Der Ressourcenbestand S_0 ist vollkommen homogen.
- Der Zinssatz r ist exogen gegeben und konstant.
- Die Ressource ist zu Kosten extrahierbar, die mit der Entnahmemenge R_t ansteigen: $C = C(R_t)$ mit $\frac{dC(R_t)}{dR_t} = c(R_t) > 0$.

Das formale Maximierungsproblem eines Minenbesitzers, der sich einem gegebenen konstanten Marktpreis $\overline{p}$ gegenübersieht, lautet dann wie folgt:

$$\begin{aligned} \max_{R_t, T} \Pi = \overline{p} \cdot R_0 - C(R_0) &+ \left[\overline{p} \cdot R_1 - C(R_1)\right] \cdot \left(\frac{1}{1+r}\right) \\ &+ \left[\overline{p} \cdot R_2 - C(R_2)\right] \cdot \left(\frac{1}{1+r}\right)^2 \\ &+ \ldots \\ &+ \left[\overline{p} \cdot R_T - C(R_T)\right] \cdot \left(\frac{1}{1+r}\right)^T \end{aligned} \tag{2.1}$$

unter den Nebenbedingungen:

$$R_0 + R_1 + \ldots + R_T \leq S_0 \tag{2.1a}$$

$$S_{t=0} = S_0 \,, \; R_t \geq 0 \tag{2.1b}$$

Mit dem Faktor $(1/1+r)^t$ wird berücksichtigt, dass es sich um ein intertemporales Optimierungsproblem handelt, zukünftige Erlöse und Kosten also mit dem Zinssatz r zu diskontieren sind. Die Nebenbedingung (2.1a) kennzeichnet die Tatsache, dass nicht mehr Ressource im Zeitablauf extrahiert werden kann, als an Anfangsausstattung zur Verfügung steht. Nebenbedingung (2.1b) gibt die Anfangsbedingung wieder und besagt zudem, dass die Extraktionsmenge nicht negativ sein darf, die Ressource also nicht wieder in den Boden verbracht werden kann. Die Nebenbedingungen lassen sich zu der **Bewegungsgleichung** (2.2) zusammenfassen:

$$S_{t+1} = S_t - R_t \tag{2.2}$$

Der Ressourcenbestand verringert sich gemäß Gleichung (2.2) in jeder Periode um die jeweilige Entnahmemenge aus dem Ressourcenbestand. Die optimale Extraktionsmenge zu jedem Zeitpunkt t ergibt sich aus den Bedingungen erster Ordnung des Maximierungsproblems (2.1):

$$\frac{\partial \Pi}{\partial R_1} = \left(\frac{1}{1+r}\right)^1 \cdot \left[\bar{p} - c(R_1)\right] = 0$$

$$\frac{\partial \Pi}{\partial R_2} = \left(\frac{1}{1+r}\right)^2 \cdot \left[\bar{p} - c(R_2)\right] = 0$$

$$\ldots$$

$$\frac{\partial \Pi}{\partial R_T} = \left(\frac{1}{1+r}\right)^T \cdot \left[\bar{p} - c(R_t)\right] = 0$$

Somit folgt unmittelbar durch Gleichsetzen:

$$\left(\frac{1}{1+r}\right)^t \cdot \left[\bar{p} - c(R_t)\right] = \left(\frac{1}{1+r}\right)^{t+1} \cdot \left[\bar{p} - c(R_{t+1})\right] \tag{2.3}$$

Der Term $\left[\bar{p} - c(R_t)\right]$ entspricht dem Grenzgewinn in der Periode t und $c(R_t) = dC(R_t)/dR_t$ sind die zugehörigen Grenzkosten. Gleichung (2.3) zeigt, dass der Gegenwartswert des Grenzgewinnes in **jeder** Periode gleich sein muss. Dies gibt den Zusammenhang wieder, dass eine erschöpfbare natürliche Ressource als ein **Kapitalgut** angesehen werden kann, dessen Lagerung mit einer Wertsteigerung verbunden ist, weil heutige Entscheidungen zukünftige Nutzungsmöglichkeiten beeinflussen. Der einzelne Minenbesitzer steht vor der Überlegung, ob er eine Ressourceneinheit heute oder morgen verkauft. Bei heutigem Verkauf realisiert er einen Preis $\bar{p}$, und er kann seinen Gewinn $(\bar{p} - c(R_t))$ zum Marktzins r auf dem Kapitalmarkt anlegen. Seine Anlage wächst in der Folgeperiode auf den Betrag $(\bar{p} - c(R_t)) \cdot (1+r)$ an. Der Ressourcenbestand verringert sich mit der Extraktion.

Deshalb verursacht der heutige Verkauf Opportunitätskosten, da diese Ressourceneinheit morgen nicht mehr verfügbar ist. Der heutige Verkauf ist also unter zwei Aspekten zu bewerten: dem Anstieg des Gewinnes durch Anlage auf dem Kapitalmarkt und der marginalen Verringerung des künftig realisierbaren Gewinnes.
Der Minenbesitzer lässt seine Ressource dann im Boden, wenn der künftige Gewinn $\bar{p}-c(R_{t+1})$ den heutigen Gewinn $\bar{p}-c(R_t)$ zuzüglich der Verzinsung $(\bar{p}-c(R_t))\cdot r$ übersteigt. Er ist indifferent zwischen gegenwärtigem und zukünftigem Verkauf der Ressource, wenn beide Optionen das gleiche Ergebniss liefern. Diesen Zusammenhang beschreibt Gleichung (2.3). Ist die Bedingung nicht erfüllt, so können zeitliche Verlagerungen des Ressourcenverkaufs die Gewinne des Minenbesitzers noch steigern.

Aus Gleichung (2.3) folgt:

$$[\bar{p}-c(R_t)]=\left(\frac{1}{1+r}\right)^1[\bar{p}-c(R_{t+1})]$$

Löst man diese nach r auf, so erhält man:

$$\frac{[\bar{p}-c(R_{t+1})]-[\bar{p}-c(R_t)]}{[\bar{p}-c(R_t)]}=r \qquad (2.4)$$

Gleichung (2.4) liefert die zentrale Aussage der Theorie erschöpfbarer natürlicher Ressourcen, die sogenannte ***r*-Prozent-Regel**: Die ökonomische Rente, also die Differenz zwischen Grenzerlös $\bar{p}$ und Grenzkosten $c(R_t)$, muss im Zeitablauf mit dem Zinssatz r ansteigen, wenn die Extraktion gewinnmaximal erfolgen soll.

Diese Regel berücksichtigt die Opportunitätskosten des gegenwärtigen Ressourcenverkaufs als Kosten der entgangenen künftigen Nutzung. Allerdings ist damit noch nicht entschieden, über wieviel Perioden der Ressourcenbestand S_0 auszubeuten ist. Ist die Extraktionsmenge der Anfangsperiode R_0 bekannt, so folgt der Extraktionspfad gemäß der r-Prozent-Regel der Gleichung (2.4). Die Extraktionsmenge der Anfangsperiode R_0 lässt sich ihrerseits aus der Endbedingung ableiten. Dies lässt sich anhand eines Gedankenexperimentes leicht nachvollziehen. In der letzten Periode muss die Knappheitsrente $[\bar{p}-c(R_T)]$ maximal groß sein. Dies ist bei der infinitesimal kleinen Extraktionsmenge R_T in Abbildung 2.3 der Fall. Damit ist die Extraktionsmenge in der letzten Periode T festgelegt. Entsprechend der r-Prozent-Regel, die nun „rückwärts" angewandt wird, erhält man die Extraktionsmenge der Vorperiode T-1. Die **Rückwärtsrechnung** wird solange fortgesetzt, bis der gesamte Ressourcenbestand S_0 aufgebraucht ist. Damit ist dann auch die Extraktionsmenge in der Anfangsperiode R_0 bestimmt. Von der Anfangsperiode $t = 0$ betrachtet nimmt die Extraktionsmenge dabei im Laufe der Zeit kontinuierlich ab, ist also zu Beginn größer als in den noch folgenden Perioden. In der Anfangsperiode wird die Menge R_0 extrahiert, in der ersten Periode die Menge R_1 beziehungsweise R_{T-2} in der Abbildung 2.3. Mit abnehmender Extraktionsmenge verringern sich auch die Grenzkosten, und da der Marktpreis konstant bleibt, nimmt die ökonomische Rente aus der Ressourcenextraktion zu.

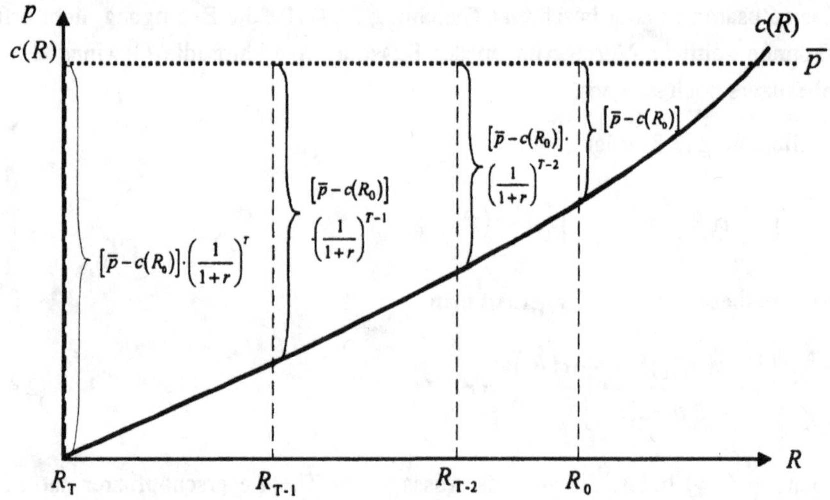

Abbildung 2.3: Knappheitsrente und optimale Extraktionsfolge nach Gray

Diese ökonomische Rente spiegelt die physische Knappheit der erschöpfbaren natürlichen Ressource wider. Für sie gibt es eine Reihe synonymer Begriffe: **Knappheitsrente, Nutzungskosten, Royalty, Schattenpreis** oder **Hotellingrente**. Obwohl *Hotelling* diese Regel erst 17 Jahre nach dem Erscheinen des Artikels von *Gray* wieder neu entdeckt hat, ist die Knappheitsrente in der Ressourcenökomik mit seinem Namen verbunden. Die Knappheitsrente ist in der Abbildung 2.3 durch die Differenz zwischen der Grenzkostenkurve $c(R)$ und der Preisgeraden $\overline{p}$ beschrieben. Der Produzent eines gewöhnlichen reproduzierbaren Gutes, der als Preisnehmer in einem vollkommenen Wettbewerbsmarkt anbietet, würde hingegen immer entsprechend der „Preis-gleich-Grenzkosten-Regel" anbieten.

D. Hotelling und der Ressourcenpreispfad

Die Herleitung einer Knappheitsrente erfolgt bei dem Ansatz von *Gray* in einem Modellrahmen, in dem der Ressourcenpreis fest und unverändert vorgegeben ist. Diese Annahme ist jedoch wenig realitätsgerecht, da der Marktpreis das Ergebnis eines Marktprozesses ist. Im Gegensatz zu *Gray* beschreibt *Hotelling* das Verhalten einer gesamten Ressourcenbranche in einem partialanalytischen Modellansatz. Die Bestimmung der Knappheitsrente erfolgt durch das Angebotsverhalten der Marktteilnehmer, und ein „walrasianischer Auktionator" sichert durch Ausgleich von Angebot und Nachfrage in allen Perioden den gleichgewichtigen Preispfad.

a) Die Grundannahmen

Das Hotelling-Modell ist durch folgende Annahmen gekennzeichnet:

- Unter den Anbietern der erschöpfbaren natürlichen Ressource herrscht vollkommene Konkurrenz, kein Anbieter ist in der Lage, mit seiner Angebotsmenge den herrschenden Marktpreis zu beeinflussen.
- Jeder dieser n Ressourcenanbieter verfügt zum heutigen Zeitpunkt $t = 0$ über einen allseits bekannten Ressourcenvorrat $S^i(0) = S_0^i$ mit $i = 1,\dots,n$ als Index für die Anbieter .
- Die Ressourcenextraktion des i-ten Anbieters, die seinem Angebot zum Zeitpunkt t entspricht, sei R_t^i.
- Eine Ressourceneinheit wird zu konstanten Kosten $\dfrac{dC(R_t)}{dR_t} = c \geq 0$ gefördert. Die Extraktionskosten sind für alle Ressourcenbestände identisch.
- Der Preis der Ressource zu einem beliebigen Zeitpunkt t sei p_t. Dieser Preis ist allen Anbietern zu jedem zukünftigen Zeitpunkt bekannt. Dies impliziert die Annahme eines „walrasianischen Auktionators", der verbindlich den Preispfad p_t festlegt, indem er Angebot und Nachfrage von heute bis in die Zukunft über den Preis austariert. Dies ist identisch mit der Annahme **perfekter Zukunftsmärkte**.

b) Das Arbitrage-Kalkül nach Hotelling

Es sei der Preis der Ressource zum Zeitpunkt $t = 0$ gleich $p(0) = p_0$. Zur Erleichterung des Verständnisses werden zunächst keinerlei Extraktionskosten unterstellt, d.h. $c = 0$. Betrachtet wird fürs Erste ein einfacher Zwei-Perioden-Fall.

Würde ein Ressourcenbesitzer heute eine Einheit der Ressource verkaufen, so erzielte er den Preis p_0. Würde er diesen Erlös zum **Marktzins** r anlegen, hätte er in der folgenden Periode $p_0(1+r)$ Geldeinheiten zur Verfügung. Er wäre folglich indifferent, ob er eine Ressourceneinheit heute zu einem Preis p_0 oder morgen zu einem Preis von $p_1 = p_0(1+r)$ verkaufen sollte. Stiege der Preis p_t jedoch stärker als der Zinssatz r, dann gilt $p_1 > p_0(1+r)$. Folglich würde der Ressourcenanbieter sein Angebot in die nächste Periode, in der der Preis p_1 gilt, verlagern. Wenn sich aber alle Ressourcenanbieter gemäß dieser Überlegung verhalten würden, so müsste der Preis p_0 aufgrund des rückläufigen Angebotes steigen, daraufhin würden einige Ressourcenanbieter wieder in der heutigen Periode anbieten. Der Preis p_1 würde also fallen, der Preis p_0 steigen. Dieser Prozess dauert solange an, bis sich die Gleichgewichtsbedingung $p_1 = p_0(1+r)$ einstellt. Analog lässt sich der Fall $p_1 < p_0(1+r)$ erklären.

Erweitert man diesen Erklärungsansatz nun auf den n-Periodenfall, dann ergibt sich die folgende Gleichgewichtsbedingung für den Preispfad:

$$p_0 = \frac{p_1}{1+r} = \frac{p_2}{(1+r)^2} = \cdots = \frac{p_n}{(1+r)^n} \tag{2.5}$$

Lässt man die Perioden infinitesimal klein werden, so ergibt dies den Preispfad bei stetiger Verzinsung:

$$p_0 = p_t \cdot e^{-r \cdot t}, \quad \text{bzw. } p_t = p_0 \cdot e^{r \cdot t} \text{ für alle } t \geq 0. \tag{2.6}$$

Die Annahme eines **walrasianischen Auktionators**, der bis in eine (unendliche) Zukunft hinein bindende Verträge abschließen kann und die Annahme, dass keinerlei Extraktionskosten anfallen, liefert einen Preispfad, beginnend beim Preis p_0, der im Laufe der Zeit mit dem Zinssatz r ansteigt.

c) Die formale Herleitung des optimalen Ressourcenpreispfades

Betrachtet man den Ressourcenanbieter i als einen repräsentativen Anbieter, so kann der Index i fortgelassen werden. Jeder Ressourcenanbieter will den in allen Perioden anfallenden Gewinn maximal werden lassen, wobei er später anfallende Gewinne mit dem Marktzinssatz auf den heutigen Zeitpunkt diskontiert. Es fallen Extraktionskosten je Ressourceneinheit in Höhe von $c \geq 0$ an. Formal lässt sich dies in stetiger Schreibweise wie folgt übersetzen:

$$\max_{R_t} \int_0^\infty [p_t \cdot R_t - c \cdot R_t] \cdot e^{-r \cdot t} \, dt \tag{2.7}$$

Der Anfangsbestand der Ressource ist gegeben mit $S(0) = S_0$. Die Bestandsrestriktion erfordert, dass im Laufe der Zeit nicht mehr extrahiert werden kann, als an Reserven vorhanden ist. Formal bedeutet dies:

$$\int_0^\infty R_t \, dt \leq S_0 \tag{2.8}$$

Unterstellt man zudem noch, dass die Ressource nachträglich nicht mehr in den Boden zurückgebracht werden kann, gilt $R_t \geq 0$. Dann kann man die Ressourcenextraktion zum Zeitpunkt *t* auch als Veränderung des Ressourcenbestandes zum Zeitpunkt *t* über eine Bewegungsgleichung für den Ressourcenbestand ausdrücken:

$$\dot{S}_t = -R_t \tag{2.9}$$

Ein Punkt über einer zeitabhängigen Variablen kennzeichnet die Veränderung dieser Variablen in der Zeit:

$$\dot{S}_t \equiv \frac{dS_t}{dt}.$$

Ein „Dach" über einer zeitabhängigen Variablen steht für deren Wachstumsrate, z.B.:

$$\hat{p}_t \equiv \frac{\dot{p}_t}{p_t} \equiv \frac{dp_t}{dt} \cdot \frac{1}{p_t}.$$

Allgemein werden Wachstumsraten durch logarithmische Differentiation ermittelt. Das heißt, der betreffende Ausdruck wird zunächst logarithmiert, das Ergebnis anschließend nach der Zeit abgeleitet (vgl. hierzu Gleichung 2.18).

Die Bedingungen für den optimalen Extraktionspfad, bzw. Preispfad erhält man mittels der **Methoden der dynamischen Optimierung**.

Das Maximumprinzip nach Pontryagin

Die Lösung erfolgt hier anhand des kontrolltheoretischen Ansatzes des Maximumprinzips nach *Pontryagin*. Das Maximierungskalkül ist gegeben durch

$$\max_{R_t} \int_0^\infty \left[p_t \cdot R_t - c \cdot R_t \right] \cdot e^{-r \cdot t} \, dt \tag{2.10}$$

unter der Nebenbedingung

$$\dot{S}_t = -R_t \tag{2.10a}$$

und der Anfangsbedingung $S(0) = S_0$. (2.10b)

Die Variable, über die das System gesteuert wird, heißt Steuer- oder Kontrollvariable. Die Variable, die den Systemzustand beschreibt und durch die Kontrollvariablen beeinflusst wird, wird als Zustandsvariable bezeichnet. In Gleichung (2.10) stellen die Variable R_t die Kontrollvariable und S_t die Zustandsvariable dar.

Die Gleichungen (2.10) und (2.10a) werden in der sogenannten Hamiltonfunktion zusammengefasst. Sie kann als Analogon zur statischen Lagrangefunktion angesehen werden. Die Hamiltonfunktion H ist hier in laufenden Werten wiedergegeben, d.h. die Werte der Variablen werden in den jeweiligen aktuellen Preisen wiedergegeben. Im Gegensatz dazu lässt sich die Hamiltonfunktion auch in Gegenwartswerten ausdrücken, wobei sämtliche Variablen dann mit ihren Barwerten ausgedrückt werden.

$$H = \left[p_t \cdot R_t - c \cdot R_t\right] - \lambda_t \cdot R_t \tag{2.11}$$

Der Multiplikator λ_t ist als Schattenpreis zu interpretieren, der die marginalen Nutzungskosten der Ressource angibt. Der Multiplikator λ_t wird auch als Kozustandsvariable bezeichnet. Er gibt den Betrag an, um den sich der Wert der Ressource zu einem Zeitpunkt t ändert, wenn der Ressourcenbestand um eine kleine Einheit zunehmen würde.

Die für ein Maximum notwendigen Bedingungen lauten:

- R_t muss über alle $0 \leq t \leq \infty$ derart gewählt werden, dass H maximiert wird,
- $-\frac{\partial H}{\partial S_t} + r \cdot \lambda_t = \dot{\lambda}_t$

Damit ergeben sich konkret die folgenden notwendigen Bedingungen für das Maximierungsproblem (2.10):

$$\frac{\partial H}{\partial R_t} = p_t - c - \lambda_t = 0 \qquad \Rightarrow \qquad p_t - c = \lambda_t \tag{2.12}$$

$$-\frac{\partial H}{\partial S_t} + r \cdot \lambda_t = \dot{\lambda}_t \qquad \Rightarrow \qquad \hat{\lambda}_t = r \tag{2.13}$$

Die Bedingung (2.12) zeigt, dass der Schattenpreis der Ressource jeweils der Differenz aus veränderlichem Preis und (in diesem Falle konstanten) Grenzkosten der Extraktion entspricht. Mit anderen Worten: Der Grenzerlös muss jederzeit den Grenzkosten der Extraktion zuzüglich den Opportunitätskosten entsprechen. Dieser muss zudem entsprechend Gleichung (2.13) mit dem Zins ansteigen. Die Bedingung erster Ordnung aus der Gleichung (2.13) $\lambda_t = r$ bzw. $\dot{\lambda}_t - r \cdot \lambda_t = 0$ ist eine lineare homogene Differentialgleichung, die einfach zu lösen ist:

Man prüfe ob der Ausdruck $e^{\alpha \cdot t}$ eine Lösung für λ_t ist. Eingesetzt in die Differentialgleichung $\dot{\lambda}_t - r \cdot \lambda_t = 0$ ergibt sich:

$$\alpha \cdot e^{\alpha \cdot t} - r \cdot e^{\alpha \cdot t} = 0 \qquad (2.14)$$

Man sieht sofort, dass $\alpha = r$ sein muss. Die Differentialgleichung $\lambda_t - r \cdot \lambda = 0$ hat somit die Lösung

$$\lambda_t = \mathrm{A} \cdot e^{r \cdot t} \qquad (2.15)$$

mit A als einer noch zu bestimmenden Konstante. Diese erhält man, indem man in Gleichung (2.15) $t = 0$ setzt, womit $\lambda_0 = A$ ist.

Mit $\lambda_0 = \mathrm{A}$ ergibt sich:

$$\lambda_t = \lambda_0 \cdot e^{r \cdot t} \qquad (2.16)$$

Diese Gleichung eingesetzt in Gleichung (2.12) liefert dann den Preispfad

$$p_t = c + \lambda_0 \cdot e^{r \cdot t} \qquad (2.17)$$

oder als Wachstumsrate geschrieben:

$$\widehat{p_t - c} = r \qquad (2.18)$$

Um Gleichung (2.18) zu erhalten wurde Gleichung (2.17) zunächst zu $p_t - c = \lambda_0 \cdot e^{r \cdot t}$ umgestellt, sodann der Logarithmus gebildet und das Ergebnis $\ln(p_t - c) = \ln \lambda_0 + r \cdot t$ nach der Zeit differenziert. Die Konstante λ_0 ist nun dadurch zu bestimmen, dass man wiederum in Gleichung (2.17) $t = 0$ einsetzt und somit den Preispfad

$$p_t = c + (p_0 - c) \cdot e^{r \cdot t} \qquad (2.19)$$

erhält. Für den Fall ohne Extraktionskosten, $c = 0$, gilt dann wieder:

$$p_t = p_0 \cdot e^{r \cdot t} \qquad (2.20)$$

Die Bestimmung des Anfangspreises p_0 ist allerdings nur bei bekannter Nachfragefunktion möglich. Sie wird in Kapitel 3 anhand von zwei speziellen Nachfragefunktionstypen, einer isoelastischen und einer linearen Nachfragefunktion, vorgenommen.

Ist der Anfangspreis p_0 gefunden, so steigt er im Fall ohne Extraktionskosten in der Zeit mit dem Zinssatz r an. Im Falle positiver, aber konstanter Kosten der Extraktion einer Ressourceneinheit, muss die Differenz zwischen den Grenzkosten der Extraktion und dem Preis, also der **Schattenpreis der Ressource**, mit dem Zinssatz im Laufe der Zeit ansteigen. Der Ressourcenpreis hingegen wächst nicht mit dem Zinssatz r an, da hier positive Grenzkosten der Extraktion vorliegen. Das Ergebnis, das der Schattenpreis einer erschöpfbaren natürlichen Ressource mit dem Zinssatz ansteigen muss, wird als **Hotelling-Regel** bezeichnet. In Abbildung 2.4 ist der entsprechende Preispfad dargestellt.

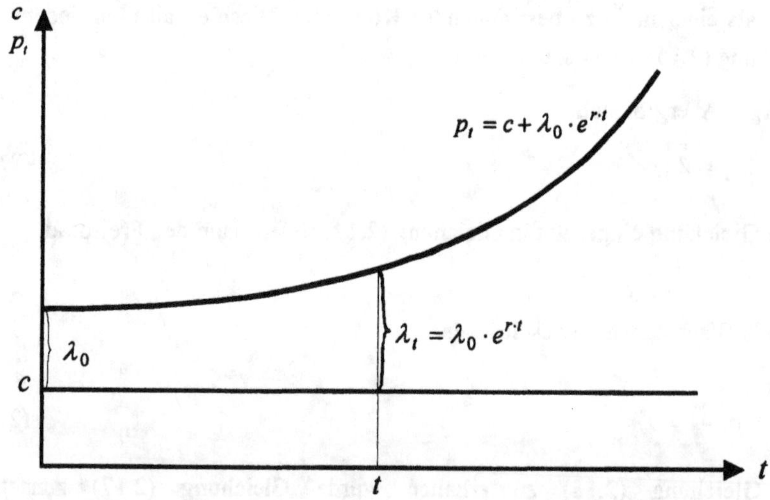

Abbildung 2.4: Schattenpreise und Preispfad nach Hotelling

d) Gesamtwirtschaftlich optimale Ressourcennutzung

Die Gleichungen (2.18) bzw. (2.19) geben den optimalen Extraktionspfad für die gesamte Ressourcenbranche an, wenn die im vollkommenen Wettbewerb stehenden Ressourcenanbieter ihren Gewinn zu maximieren trachten. Es lässt sich einfach zeigen, dass dieser Ressourcenextraktionspfad auch gesamtwirtschaftlich optimal ist. Ein gesamtwirtschaftlicher Planer maximiert den Nutzen $U(R_t)$, den die Gesellschaft aus der Ressource abzüglich der Extraktionskosten erzielt. Der in der Zukunft anfallende Nutzen wird ebenfalls mit dem Zinssatz r diskontiert. Damit stellt sich das Maximierungsproblem wie folgt dar:

$$\max_{R_t} \int_0^{\infty} \left[U(R_t) - c \cdot R_t\right] \cdot e^{-r \cdot t}\, dt \qquad (2.21)$$

Die Nebenbedingung ist die Gleichung (2.10a) und die Anfangsbedingung entspricht der Gleichung (2.10b).

Die in laufenden Werten formulierte Hamiltonfunktion hat das folgende Aussehen:

$$H = U(R_t) - c \cdot R_t - \lambda_t \cdot R_t \qquad (2.22)$$

Aus den notwendigen Bedingungen erhält man:

$$\frac{\partial H}{\partial R_t} = 0 \qquad \Rightarrow \quad U'(R_t) - c = \lambda_t \qquad (2.23)$$

$$-\frac{\partial H}{\partial S_t} + r \cdot \lambda_t = \dot{\lambda}_t \qquad \Rightarrow \quad \hat{\lambda}_t = r \qquad (2.24)$$

Agieren die Konsumenten als Preisnehmer, so gilt die aus der Mikroökonomie bekannte Tatsache, dass im Optimum der Grenznutzen dem Preis gleichen muss: $U'(R_t) = p_t$. Eingesetzt in Gleichung (2.23) erhält man letztlich wieder die bekannte Gleichung (2.18):

$$\widehat{p_t - c} = r \qquad (2.18)$$

bzw.:

$$p_t = c + (p_0 - c) \cdot e^{r \cdot t} \qquad (2.19)$$

Ein gesamtwirtschaftlicher Planer wählt folglich den gleichen Extraktionspfad, der sich auch auf einem vollkommenen Wettbewerbsmarkt ergeben würde. Allerdings muss der Marktzins der sozialen Diskontrate eines gesamtgesellschaftlichen Planers entsprechen.

Es bleibt als Fazit dieses Kapitels festzuhalten, dass anders als bei reproduzierbaren Gütern das Angebotsverhalten von Eignern einer erschöpfbaren Ressource über ein dynamisches Optimierungskalkül erfolgen muss. Das hat zum Ergebnis, dass der Marktpreis neben den Extraktionskosten auch eine Knappheitsrente enthält, dieser folglich oberhalb der Grenzkosten liegt.

Teil 2: Marktstrukturen auf Ressourcenmärkten

Kapitel 3: Wettbewerbliche und monopolistische Märkte

A. Einleitung

Im vorherigen Kapitel wurde gezeigt, dass die Preis- und Mengenpfade für erschöpfbare natürliche Ressourcen der Hotelling-Regel folgen müssen. Der konkrete Verlauf der Pfade ist jedoch abhängig von der Marktnachfragefunktion und der auf dem Ressourcenmarkt gegebenen Marktstruktur. In Abschnitt B wird der optimale Extraktions- und Preispfad für einen vollkommenen Wettbewerbsmarkt, auf dem jeder Ressourcenbesitzer als Preisnehmer agiert, abgeleitet. Dabei wird sowohl eine lineare als auch eine isoelastische Nachfragefunktion angenommen. Die Wirkung von konstanten und je nach Lagerstätte unterschiedlichen Extraktionskosten wird ebenfalls erläutert. In Abschnitt C wird das Verhalten eines Ressourcenmonopolisten untersucht.

B. Der vollkommene Wettbewerb

In Kapitel 2 wurden die notwendigen Bedingungen für den optimalen Extraktions- und Preispfad abgeleitet. Die Bestimmung des optimalen Preis- und Extraktionspfades erfordert die Festsetzung des Anfangspreises p_0 beziehungsweise daraus abgeleitet, die anfängliche Extraktion R_0. Dies ist allerdings nur bei bekannter Nachfragefunktion möglich. Im Folgenden wird dies anhand zweier spezieller Nachfragefunktionen dargestellt. Zum einen wird eine isoelastische und zum anderen eine lineare Nachfragefunktion unterstellt. Zur Vereinfachung wird zunächst angenommen, dass keine Extraktionskosten anfallen.

a) Lineare Nachfragefunktion

Eine lineare Nachfragefunktion hat die allgemeine Form:

$$D_t = a - b \cdot p_t \text{ mit } a,b > 0 \tag{3.1}$$

Die Variable D_t gibt die Marktnachfrage zum Zeitpunkt t wieder. Bei einer linearen Nachfragefunktion existiert immer ein Preis $\overline{p}$, bei dem die Nachfrage null wird. Die Ressource wird somit innerhalb eines endlichen Zeithorizontes erschöpft. Fallen keine Extraktionskosten an, ist es effizient, dass sämtliche Ressourcen auch extrahiert werden. Es ist unmittelbar einsichtig, dass Ressourceneigner, die nach Erreichen des Prohibitivpreises $\overline{p}$ ihren Bestand noch nicht vollständig abgesetzt haben, sich nicht gewinnmaximierend verhalten.

Damit sind jetzt zwei Variablen zu bestimmen, der Anfangspreis p_0 und der Erschöpfungszeitpunkt T. Markträumung wird angenommen und damit von Lagerhaltung abgesehen. Dies bedingt, dass die extrahierte Ressource auch nachgefragt werden muss. S_0 sei nun der Ressourcenanfangsbestand aller Ressourceneigner. Unter der Annahme vollkommener Voraussicht aller Wirtschaftssubjekte gilt dann unter der Verwendung von (2.20), der Gleichung für den Preispfad:

$$\int_0^T D_t \, dt = \int_0^T R_t \, dt = \int_0^T \left(a - b \cdot p_0 \cdot e^{r \cdot t}\right) \, dt = S_0 \tag{3.2}$$

Zum Zeitpunkt T muss die Ressource erschöpft sein, woraus folgt:

$$D_T = 0 = a - b \cdot p_T \quad \Rightarrow \quad p_T = \frac{a}{b} = \overline{p} \tag{3.3}$$

Der Preis der Ressource zum Erschöpfungszeitpunkt p_T muss somit gleich $\frac{a}{b}$ sein.

Die Berechnung des Erschöpfungszeitpunktes T erfolgt über das Integral:

$$\int_0^T \left(a - b \cdot p_0 \cdot e^{r \cdot t}\right) \, dt = S_0 \tag{3.4}$$

Dessen Lösung ergibt:

$$a \cdot T - \frac{b \cdot p_0 \cdot e^{r \cdot T}}{r} + \frac{b \cdot p_0}{r} = S_0 \tag{3.5}$$

Da ferner gilt:

$$p_0 \cdot e^{r \cdot T} = \frac{a}{b} \text{ bzw. } p_0 = \frac{a}{b} \cdot e^{-r \cdot T} \text{ folgt:}$$

$$a \cdot T - \frac{a}{r} + \frac{a}{r} \cdot e^{-r \cdot T} = S_0 \tag{3.6}$$

Die Gleichung (3.6) lässt sich allerdings nur numerisch lösen. Wenn T bestimmt ist, erhält man durch „Rückwärtsrechnen“ auch den Anfangspreis p_0. Anschaulicher und auch einfacher lässt sich die Bestimmung des Preis- und Extraktionspfades anhand einer Graphik darstellen.

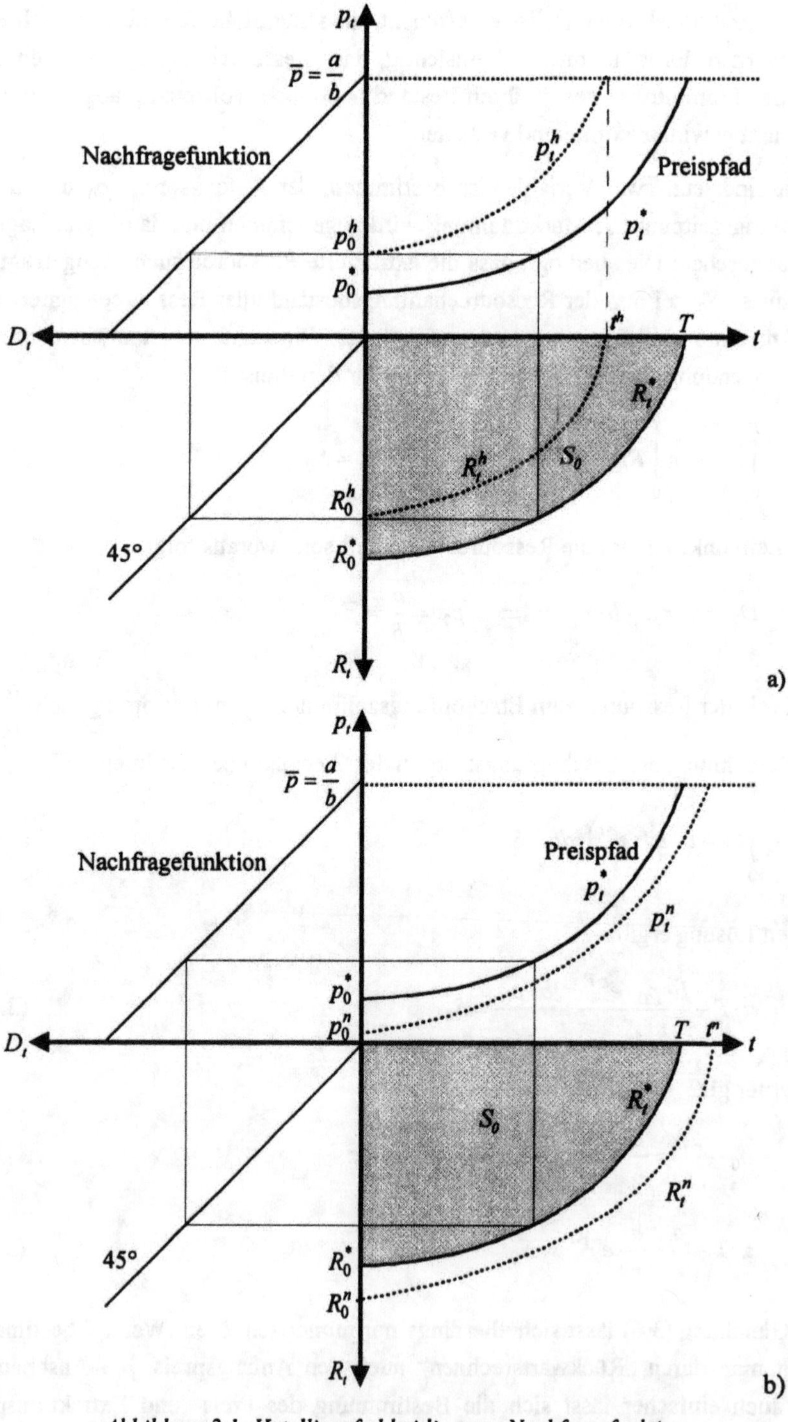

Abbildung 3.1: Hotellingpfad bei linearer Nachfragefunktion

In Abbildung 3.1 sind die entsprechenden Preis- und Extraktionspfade in einem Vier-Quadranten-Schema wiedergegeben. Im nordwestlichen Quadranten ist die lineare Nachfragefunktion abgebildet, im südwestlichen die Marktgleichgewichtsbedingung $D_t = R_t$. Die beiden östlichen Quadranten zeigen jeweils den abgeleiteten Preis- und Extraktionspfad p_t^* bzw. R_t^*. Die Preis- und Mengenpfade p_t^* und R_t^* mit ihren zugehörigen Anfangszuständen p_0^* bzw. R_0^* sind die einzig möglichen. Um dies zu zeigen, wird nun alternativ ein höherer Anfangspreis $p_0^h > p_0^*$ betrachtet. Dieser bedingt unter der Markträumungsbedingung seinerseits eine geringere Extraktionsmenge $R_0^h < R_0^*$ in der Anfangsperiode $t = 0$. Da der Ressourcenpreis mit dem Zinssatz r kontinuierlich ansteigt, muss der neue Preispfad, wie in der Abbildung 3.1a) dargestellt, immer oberhalb des gleichgewichtigen Preispfades p_t^* liegen; es gilt somit immer $p_t^h > p_t^*$. Der Prohibitivpreis $\overline{p}$, zu dem keine Nachfrage nach der Ressource mehr existiert, wird folglich zu einem früheren Zeitpunkt erreicht. Da dieser Extraktionspfad immer unterhalb des gleichgewichtigen Extraktionspfades liegt, also $R_t^h < R_t^*$ ist, wird ab dem Zeitpunkt t^h auch nicht mehr extrahiert. Dies ist jedoch kein effizienter Extraktionspfad, da der Ressourcenbestand S_0 nicht vollständig ausgebeutet wurde. Der Verkauf einer zusätzlich extrahierten Ressourceneinheit zu einem Preis knapp unterhalb von $\overline{p}$ führt zu Mehreinnahmen.

Analog erfolgt die Begründung dafür, dass ein Anfangspreis, der geringer als der gleichgewichtige Preis p_0^* ist, also $p_0^n < p_0^*$, ebenfalls nicht effizient sein kann. Wie in Abbildung 3.1b) zu sehen ist, erreicht der Preispfad p_t^n den Prohibitivpreis $\overline{p}$ erst zu einem späteren Zeitpunkt; das heißt, die Ressource wird über einen längeren Zeitraum extrahiert. Der zugehörige Extraktionspfad R_t^n liegt jetzt immer oberhalb des gleichgewichtigen Extraktionspfades, was aber bei einem gegebenen Ressourcenbestand von S_0 nicht möglich ist. Folglich ist p_t^* der einzig mögliche gleichgewichtige Preispfad und R_t^* der einzig mögliche Extraktionspfad.

b) Isoelastische Nachfragefunktion

Eine isoelastische Nachfragefunktion hat die allgemeine Form:

$$D_t = p_t^{-\eta} \text{ mit } \eta > 0 \tag{3.7}$$

Im Gegensatz zu der linearen Nachfragefunktion (3.1) wird im Falle einer isoelastischen Nachfragekurve zu jedem beliebig hohen Preis noch Ressource nachgefragt. Die Ressource wird folglich innerhalb eines endlichen Zeithorizontes nicht erschöpft. Intertemporale Arbitragekalküle der Ressourceneigner, wie sie im vorigen

Kapitel erläutert wurden, verhindern, dass die Ressource in einem endlichen Zeitraum verbraucht wird. Der gleichgewichtige Ressourcenpreispfad ist wieder durch die Hotelling-Regel $p_t = p_0 \cdot e^{r \cdot t}$ beschrieben. Der Ressourcenanfangsbestand aller Ressourcenbesitzer sei wieder S_0 und D_t sei die Marktnachfrage zum Zeitpunkt t. Unter der Annahme vollkommener Voraussicht aller Wirtschaftssubjekte gilt analog der Gleichung (3.2) die Marktgleichgewichtsbedingung:

$$\int_0^{\infty} D_t \, dt = \int_0^{\infty} p_0^{-\eta} \cdot e^{-\eta \cdot r \cdot t} \, dt = S_0 \tag{3.8}$$

Lösen des Integrals $\int_0^{\infty} p_0^{-\eta} \cdot e^{-\eta \cdot r \cdot t} \, dt$ liefert:

$$p_0^{-\eta} \cdot \left(\frac{1}{-\eta \cdot r} \right) \cdot e^{-\eta \cdot r \cdot t} \Bigg|_0^{\infty} \text{, also:}$$

$$p_0^{-\eta} \cdot \left(\frac{1}{\eta \cdot r} \right) = S_0 \text{ bzw.}$$

$$p_0^{\eta} = \frac{1}{\eta \cdot r \cdot S_0} \quad \Rightarrow \quad p_0 = \left(\frac{1}{\eta \cdot r \cdot S_0} \right)^{\frac{1}{\eta}} \tag{3.9}$$

Somit gilt für den optimalen Preispfad im Falle einer isoelastischen Nachfragefunktion:

$$p_t = p_0 \cdot e^{r \cdot t} = \left(\frac{1}{\eta \cdot r \cdot S_0} \right)^{\frac{1}{\eta}} \cdot e^{r \cdot t} \tag{3.10}$$

Ist der gleichgewichtige Preispfad gefunden, dann lassen sich auch die Extraktionsmenge R_0^*, der Extraktionspfad R_t^* sowie die Bestandsentwicklung S_t^* eindeutig bestimmen. Da nach Gleichung (3.8) die Höhe der Extraktion in der ersten Periode $R_0 = p_0^{-\eta}$ ist, ergibt sich die Höhe der Ressourcenextraktion in der Anfangsperiode aus Gleichung (3.9) als $R_0 = \eta \cdot r \cdot S_0$. Für den Extraktionspfad erhält man dann unter Verwendung der Gleichungen (3.7) und (3.10) den Pfad $R_t = \eta \cdot r \cdot S_0 \cdot e^{-\eta \cdot r \cdot t}$. Integration über die bis zum Zeitpunkt t extrahierte Ressourcenmenge liefert den zum jeweiligen Zeitpunkt noch verbleibenden Ressourcenbestand: $S_t = S_0 \cdot e^{-\eta \cdot r \cdot t}$. In Abbildung 3.2 sind die entsprechenden Pfade in einem Vier-Quadranten-Schema wiedergegeben. Analog dem Vorgehen bei der linearen Nachfragefunktion lässt sich auch hier durch einfache Überlegungen zeigen, dass die Preis- und Mengenpfade p_t^* und R_t^* die einzig möglichen gleichgewichtigen Pfade sind, die bei einem gegeben Anfangsbestand in Höhe von S_0 erreichbar sind.

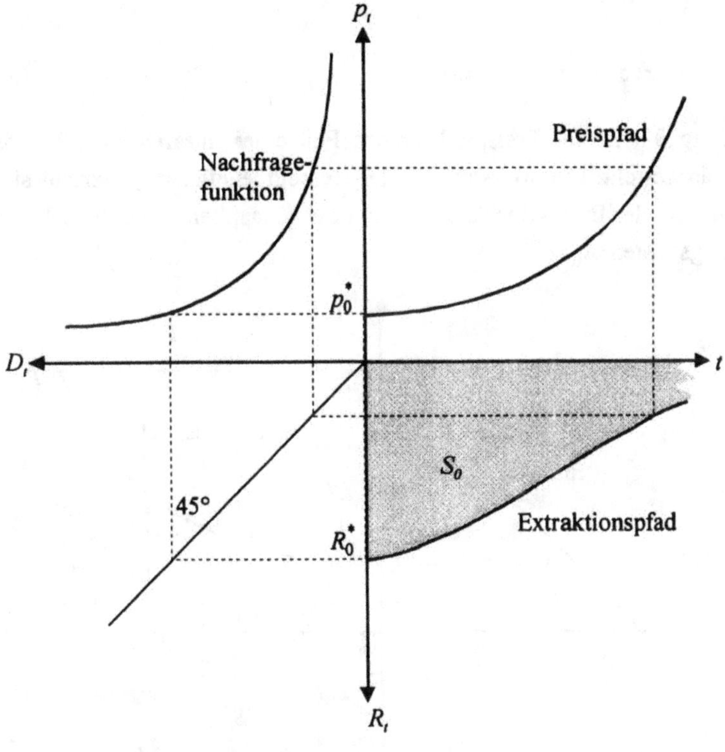

Abbildung 3.2: Hotellingpfad bei isoelastischer Nachfragefunktion

c) Der Hotellingpfad mit konstanten Grenzkosten

Betrachtet man konstante und identische Grenzkosten der Extraktion, $c > 0$, dann ist das Maximierungskalkül gegeben durch:

$$\max_{R_t} \int_0^{\infty} (p_t - c) \cdot R_t \cdot e^{-r \cdot t} \, dt \tag{3.11}$$

unter den Nebenbedingungen:

$$\dot{S}_t = -R_t \tag{3.11a}$$

$$S_0 > 0 \text{ gegeben} \tag{3.11b}$$

$$R_t \geq 0 \tag{3.11c}$$

Dieses Optimierungsproblem entspricht dem Problem (2.10) und führt auf die bekannte Hotelling-Regel:

$$\hat{p_t - c} = r \text{ bzw. } p_t = c + \lambda_0 \cdot e^{rt} \tag{3.12}$$

In Abbildung 3.3 ist der Preispfad für den Fall einer linearen Nachfragefunktion graphisch dargestellt. Der Marktpreis einer Ressourceneinheit p_t ergibt sich folglich als Summe der Extraktionskosten c und der Knappheitsrente, beziehungsweise den Nutzungskosten $\lambda_0 \cdot e^{r \cdot t}$.

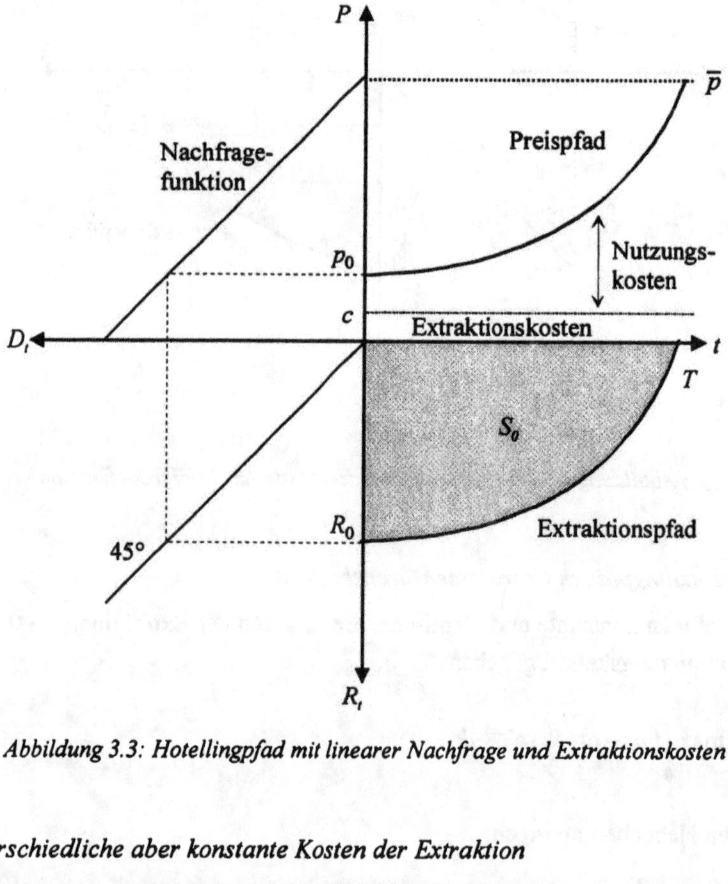

Abbildung 3.3: Hotellingpfad mit linearer Nachfrage und Extraktionskosten

d) Unterschiedliche aber konstante Kosten der Extraktion

Es wird nun unterstellt, dass es weiterhin eine homogene Ressource gibt, die sich aber in zwei unterschiedlichen Lagerstätten befindet. Je nach Lagerstätte kann die Ressource zu unterschiedlichen Grenzkosten abgebaut werden. Man denke beispielsweise an den Kohleabbau im kostengünstigen Tagebau und im teureren Untertagebergbau. Die optimale Extraktion aus Lagerstätten mit unterschiedlichen Extraktionskosten wurde von *O.C. Herfindahl* (1967) analysiert und wird deshalb auch als **Herfindahl-Problem** bezeichnet. Die niedrigen Grenzkosten der Extraktion seien c^l, die hohen c^h. Auf dem Ressourcenmarkt und innerhalb jeder Anbietergruppe herrsche vollkommener Wettbewerb. Das Maximierungsproblem für die Ressourcenbesitzer mit den niedrigeren Extraktionskosten lautet:

$$\max_{R_t^l} \int_0^\infty \left(p_t - c^l\right) R_t^l \cdot e^{-r \cdot t}\, dt \tag{3.13}$$

unter den Nebenbedingungen:

$$\int_0^\infty R_t^l\, dt \le S_t^l \tag{3.13a}$$

$$R_t^l \ge 0 \tag{3.13b}$$

Das Maximierungskalkül der Ressourcenbesitzer mit den höheren Extraktionskosten lautet analog:

$$\max_{R_t^h} \int_0^\infty \left(p_t - c^h\right) R_t^h \cdot e^{-r \cdot t}\, dt \tag{3.14}$$

unter den Nebenbedingungen:

$$\int_0^\infty R_t^h\, dt \le S_t^h \tag{3.14a}$$

$$R_t^h \ge 0 \tag{3.14b}$$

Anstelle der Ungleichungen (3.13a) und (3.14a) kann auch direkt die Bewegungsgleichung $\dot{S}_t^i = -R_t^i \quad (i = l, h)$ geschrieben werden. Die Nichtnegativitätsbedingungen (3.13b) und (3.14b) sind zwar nicht neu, jedoch sind sie jetzt von Bedeutung und müssen explizit im Maximierungskalkül berücksichtigt werden. Sind Extraktionskosten nicht existent, dann ist der Preispfad identisch mit dem Schattenpreispfad der Ressource. Solange dieser positiv ist, erhält der Minenbesitzer einen positiven Gewinn. Fallen hingegen Extraktionskosten an, so muss der Ressourcenerlös mindestens diese decken, damit ein Minenbesitzer auch auf dem Markt anbietet. Die Lösung des Maximierungsproblems für die unterschiedlichen Lagerstätten $i = l, h$ erfordert die Erfüllung der Kuhn-Tucker-Bedingungen, die wie folgt lauten:

$$\frac{\delta H^i}{\delta R_t^i} \leq 0, \qquad R_t^i \geq 0, \qquad R_t^i \cdot \frac{\delta H^i}{\delta R_t^i} = 0$$

Die in laufenden Werten formulierte Hamiltonfunktion hat das folgende Aussehen:

$$H^i = \left[p_t \cdot R_t^i - c^i \cdot R_t^i\right] - \lambda_t^i \cdot R_t^i \tag{3.15}$$

Aus den notwendigen Bedingungen, unter Berücksichtigung der Kuhn-Tucker-Bedingungen, erhält man jetzt:

$$\frac{\partial H^i}{\partial R_t^i} = p_t - c^i - \lambda_t^i \leq 0 \text{ und } R_t^i \cdot \frac{\delta H^i}{\delta R_t^i} = 0 \tag{3.16}$$

$$-\frac{\partial H^i}{\partial S_t^i} + r\lambda_t^i = \dot{\lambda}_t^i \qquad \Rightarrow \qquad \hat{\lambda}_t^i = r \tag{3.17}$$

Die neue Bedingung (3.16), die die Kuhn-Tucker-Bedingung berücksichtigt, besagt, dass die Ressource nur dann extrahiert wird, wenn der Grenzgewinn aus dem Ressourcenverkauf den Wert der Ressource in situ übersteigt. Der Ausdruck $R_t^i \cdot \frac{\delta H^i}{\delta R_t^i} = 0$ ist die Bedingung des komplementären Schlupfs. Demnach erfolgt keine Extraktion, solange $\frac{\delta H^i}{\delta R_t^i} < 0$ ist, bzw. es wird nur dann extrahiert, wenn die Bedingung erster Ordnung $\frac{\delta H^i}{\delta R_t^i} = 0$ erfüllt ist.

Aus der Gleichung (3.16) folgt, dass es zwei Variablen λ_t^l und λ_t^h gibt, für die gilt:

$$\frac{\delta H^i}{\delta R_t^i} \leq 0, \qquad R_t^i \geq 0, \qquad R_t^i \cdot \frac{\delta H^i}{\delta R_t^i} = 0 \tag{3.18}$$

und

$$\lambda_t^i \geq 0, \qquad \lambda_t^i \cdot \left(S_0 - \int_0^\infty R_t^i \, dt\right) = 0 \tag{3.19}$$

mit $i = l, h$.

Gleichung (3.19) besagt, dass ein Ressourceneigner seinen gesamten Bestand extrahiert, sofern er noch Gewinn erzielt. Wird λ_t^i hingegen null, belässt er gegebenenfalls den verbleibenden Rest der Ressource im Boden. Für den Ressourcenbesitzer mit den niedrigeren Extraktionskosten erhält man:

$$\left(p_t - c^l\right) - \lambda_t^l \leq 0 \qquad \Rightarrow p_t \leq c^l + \lambda_t^l$$

mit den folgenden Schlupfbedingungen:

$$R_t^l \geq 0 \text{ und } R_t^l \cdot \left[\left(p_t - c^l\right) - \lambda_t^l\right] = 0$$

Dieses lässt sich auch folgendermaßen ausdrücken:

$$p_t = c^l + \lambda_t^l \text{ für } R_t^l > 0 \tag{3.20}$$

$$p_t < c^l + \lambda_t^l \text{ für } R_t^l = 0 \tag{3.21}$$

Für den Ressourcenbesitzer mit den höheren Extraktionskosten erhält man:

$$p_t = c^h + \lambda_t^h \text{ für } R_t^h > 0 \tag{3.22}$$

$$p_t < c^h + \lambda_t^h \text{ für } R_t^h = 0 \tag{3.23}$$

Da es ineffizient wäre, Ressourcen im Boden zu lassen, solange $c^i < p_t$ ist, gilt auch immer $\lambda_t^i > 0$. Da für $c^h \neq c^l$ wegen $\lambda_t^i = r$ immer auch $c^h + \lambda_t^h \neq c^l + \lambda_t^l$ gilt, kann eine simultane Produktion aus beiden Lagerstätten nicht erfolgen.

Als ein weiteres Ergebnis erhält man, dass die teurere Ressource erst dann extrahiert wird, wenn die billigere erschöpft ist. Um dies zu zeigen, sei angenommen, zu Beginn produziere der Anbieter *h*:

$$R_t^h > 0 \text{ mit } t \in [t_1, t_2]$$

und in einer späteren Phase der Anbieter *l*:

$$R_t^l > 0 \text{ mit } t \in [t_3, t_4]$$

Dann gilt im Zeitintervall $[t_1, t_2]$:

$$p_t = c^h + \lambda_t^h$$

$$p_t < c^l + \lambda_t^l$$

Da stets $c^h > c^l$ gilt, sind die Gleichungen nur erfüllt, wenn $\lambda_t^l > \lambda_t^h$ ist. Dann wäre in dem Zeitintervall $[t_3, t_4]$: $p_t = c^l + \lambda_t^l$

Wäre dies die optimale Extraktionsfolge, müsste stets $p_t \leq c^h + \lambda_t^h$ gelten. Da jedoch $\lambda_t^l > \lambda_t^h \Rightarrow p_t > c^h + \lambda_t^h$ für $t > t_3$ zutrifft, wäre es für den Ressourcenbesitzer mit den höheren Extraktionskosten gewinnsteigernd, wenn er seine Extraktion in die Folgeperiode verlegen würde. Deshalb muss die billigere Ressource erst erschöpft sein, bevor die Ressource mit den höheren Extraktionskosten gefördert werden kann. Dieses Ergebnis gilt allerdings nur bei konstanten Grenzkosten der Extraktion. Dieser Sachverhalt lässt sich sehr einfach graphisch erklären. Produziert der Ressourcenbesitzer mit den höheren Extraktionskosten, dann gilt für den Preispfad:

$$p_t = c^h + \lambda_t^h \text{ und } p_t \leq c^l + \lambda_t^l$$

Da $c^h > c^l$ ist, ist $p_t = c^h + \lambda_t^h \leq c^l + \lambda_t^l$ nur dann möglich, wenn $\lambda^l > \lambda^h$. Die Preispfade haben dann den in Abbildung 3.4 dargestellten Verlauf:

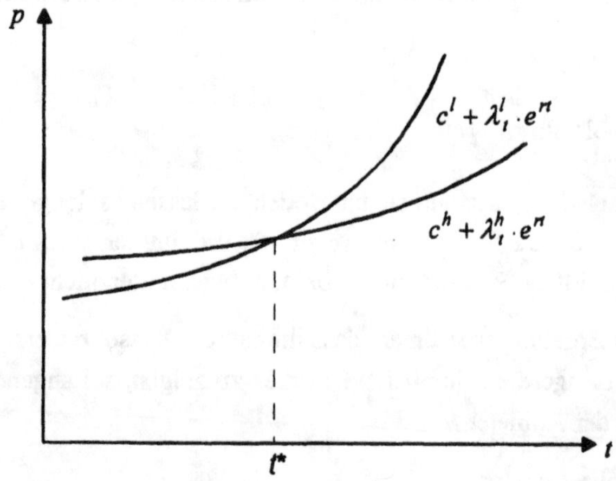

Abbildung 3.4: Preispfade zur Erklärung der Extraktionsfolge bei unterschiedlichen Kosten

Die Bedingung $p_t = c^h + \lambda_t^h \leq c^l + \lambda_t^l$ ist nur ab t^* erfüllt, da sich die Preispfade nicht zweimal schneiden können. Vor t^* gilt $c^h + \lambda_t^h \geq c^l + \lambda_t^l$, also die Bedingung dafür, dass allein die Anbieter mit den niedrigeren Extraktionskosten produzieren.

In Abbildung 3.5 sind der optimale Extraktions- und Preispfad graphisch dargestellt. Im Übergangszeitpunkt weist der Ressourcenpreispfad keinen Sprung auf. Die Nutzungskosten implizieren einen stetigen Preisverlauf, jedoch mit einem Knick in t^*. An dieser Stelle ist der Preispfad nicht mehr differenzierbar. Allerdings kommt es im Übergangszeitpunkt t^* zu einem Sprung in den Nutzungskosten, weil aufgrund der höheren Abbaukosten der zweiten Lagerstätte die Nutzungskosten geringer sind als die der ersten Lagerstätte, d.h. $\lambda^h_{t*} < \lambda^l_{t*}$. Die Lagerstätte mit den höheren Grenzkosten der Extraktion wird erst dann genutzt, wenn der Ressourcenpreispfad die Höhe der Grenzkosten c^h zuzüglich dem aktuellen Schattenpreis der Ressource aus der teureren Lagerstätte erreicht hat. Die Lagerstätte mit den niedrigeren Extraktionskosten muss zu diesem Zeitpunkt vollkommen ausgebeutet sein.

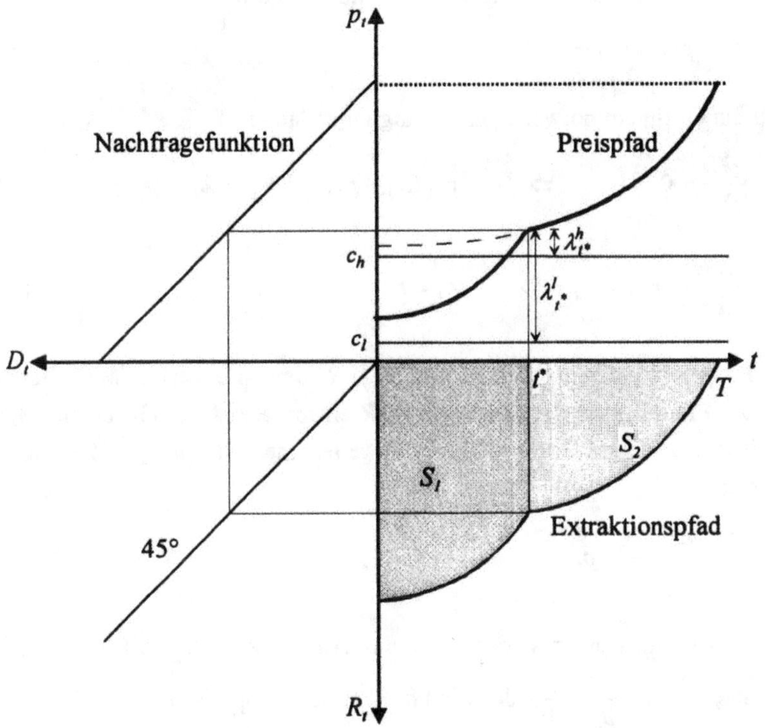

Abbildung 3.5: Hotellingpfad mit zwei Lagerstätten und unterschiedlichen Extraktionskosten

C. Monopol

Nachdem der Fall des vollkommenen Wettbewerbs dargestellt wurde, soll nun das andere Extrem einer Marktform, nämlich das Ressourcenmonopol vorgestellt werden. Betrachtet wird zunächst wieder der einfache Fall ohne Extraktionskosten. Da der Monopolist weiß, dass seine Angebotsmenge den Marktpreis beeinflusst, muss er dies in seinem Optimierungskalkül berücksichtigen.

$$\max_{R_t} \int_0^\infty p(R_t) \cdot R_t \cdot e^{-r \cdot t} \, dt \tag{3.24}$$

unter den Nebenbedingungen

$$\int_0^\infty R_t dt \le S_0 \tag{3.24a}$$

$$S(0) = S_0 \tag{3.24b}$$

Die Hamiltonfunktion in laufenden Werten hat die Form:

$$H = p(R_t) \cdot R_t - \lambda_t R_t \tag{3.25}$$

Die für ein Optimum notwendigen Bedingungen lauten:

$$\frac{\partial H}{\partial R_t} = 0 \qquad \Rightarrow \qquad p_t(R_t) + p_t'(R_t) \cdot R_t = \lambda_t \tag{3.26}$$

$$-\frac{\partial H}{\partial S_t} + r\lambda_t = \dot{\lambda}_t \quad \Rightarrow \quad \hat{\lambda}_t = r \tag{3.27}$$

Dabei entspricht der Ausdruck $p_t + p_t'(R_t) \cdot R_t$ dem Grenzerlös (*MR*). Entlang des optimalen Pfades muss der Grenzerlös *MR* entsprechend der Gleichung (3.27) mit dem Zinssatz *r* steigen, $MR = \lambda_0 \cdot e^{rt}$. Erweitert man Gleichung (3.26) um p_t / p_t, erhält man:

$$p_t + \frac{dp_t}{dR_t} \cdot \frac{R_t}{p_t} \cdot p_t = \lambda_t \tag{3.28}$$

Hieraus erhält man unter Verwendung des Ausdruckes für die Preiselastizität der Nachfrage $\eta(R_t) = \frac{dR_t}{dp_t} \cdot \frac{p_t}{R_t}$ den Pfad für den Schattenpreis λ_t:

$$\lambda_t = p_t \cdot \left(1 + \frac{1}{\eta(R_t)}\right) = \lambda_0 \cdot e^{r \cdot t} \tag{3.29}$$

Logarithmisches Differenzieren der Gleichung (3.29) liefert:

$$\hat{p}_t + \widehat{\left(1 + \frac{1}{\eta(R_t)}\right)} = r \tag{3.30}$$

Gleichung (3.30) erhält man, indem man zunächst den Logarithmus der zeitabhängigen Variablen bildet und dann nach der Zeit ableitet. Aus der linken Seite der Gleichung (3.29) erhält man:

$$\frac{d\ln\left[p_t\cdot\left(1+\frac{1}{\eta(R_t)}\right)\right]}{dt}=\frac{d\ln p_t}{dt}+\frac{d\ln\left(1+\frac{1}{\eta(R_t)}\right)}{dt}$$

$$=\frac{dp_t}{dt}\cdot\frac{1}{p_t}+\frac{d\left(1+\frac{1}{\eta(R_t)}\right)}{dt}\cdot\frac{1}{\left(1+\frac{1}{\eta(R_t)}\right)}$$

$$=\hat{p}_t+\left(1+\frac{1}{\eta(R_t)}\right)^{\wedge}$$

Aus der rechten Seite der Gleichung (3.29) folgt: $\frac{d\ln\left[\lambda_0\cdot e^{rt}\right]}{dt}=r$

Auch jetzt lässt sich wieder zwischen den beiden unterschiedlichen Nachfragefunktionen unterscheiden. Im Falle einer isolestischen Nachfragefunktion unterscheidet sich das Angebotsverhalten eines Monopolisten nicht von dem eines Wettbewerbsanbieters. Sieht sich der Monopolist hingegen mit einer linearen Nachfragefunktion konfrontiert, so unterscheidet sich der Preis und Mengenpfad von dem eines Wettbewerbsmarktes.

a) Isoelastische Nachfragefunktion

Die isoelastische Nachfragefunktion hat die allgemeine Form:

$$D_t = p_t^{-\eta} \tag{3.31}$$

mit $\eta > 0$ als konstante Preiselastizität der Nachfrage.

Da die Preiselastizität η immer konstant ist, folgt aus Gleichung (3.30) unmittelbar:

$$\hat{p}_t = r \text{ bzw. } p_t = p_0 \cdot e^{rt}$$

Das Angebots- und Preisverhalten eines monopolistischen Ressourcenanbieters unterscheidet sich nicht vom Fall des vollkommenen Wettbewerbs, solange eine isoelastische Nachfragefunktion und keinerlei Extraktionskosten unterstellt werden. In beiden Fällen steigt der Ressourcenpreis mit dem Zinssatz r an.

b) Lineare Nachfragefunktion

Die lineare Nachfragefunktion hat die allgemeine Form:

$$D_t = a - b \cdot p_t;\ \text{mit}\ (a, b > 0) \tag{3.32}$$

Aus der Markträumungsbedingung $R_t = D_t$ ergibt sich durch Umformen der Gleichung (3.32) für den Preis:

$$p_t = \frac{a - R_t}{b} \tag{3.33}$$

Aus der Gleichung für den Erlös $p_t \cdot R_t = \left(\frac{a - R_t}{b}\right) \cdot R_t$ erhält man den Grenzerlös:

$$MR = \frac{a}{b} - \frac{2R_t}{b} \tag{3.34}$$

Logarithmisches Differenzieren nach der Zeit liefert:

$$\overset{\wedge}{MR} = \frac{-\frac{2}{b}\dot{R}_t}{\frac{a}{b} - \frac{2}{b}R_t}$$

Der Grenzerlös muss nach Gleichung (3.30) im Zeitablauf mit dem Zinssatz ansteigen:

$$\overset{\wedge}{MR} = \frac{-\frac{2}{b}\dot{R}_t}{\frac{a}{b} - \frac{2}{b}R_t} = r \tag{3.35}$$

Formt man die Gleichung (3.35) um, erhält man die Differentialgleichung für den Extraktionspfad, auf deren explizite Herleitung hier allerdings verzichtet wird, da sie nicht mehr trivial zu lösen ist.

$$\dot{R}_t - rR_t = \frac{-ar}{2} \tag{3.36}$$

Der Preispfad lässt sich auf analoge Weise berechnen. Aus der Gleichung für den Erlös $(a - b \cdot p_t) \cdot p_t$ erhält man als Grenzerlös *MR*;

$$MR = a - 2 \cdot b \cdot p_t \tag{3.37}$$

Logarithmisches Differenzieren nach der Zeit liefert:

$$\overset{\wedge}{MR} = \frac{-2b\dot{p}_t}{a - 2bp_t} \tag{3.38}$$

Umformen unter Beachtung von Gleichung (3.30) liefert die Differentialgleichung für den Preispfad:

$$\dot{p}_t - rp_t = \frac{-ar}{2b} \tag{3.39}$$

Ohne die Differentialgleichung (3.39) explizit zu lösen, erhält man durch Division mit p_t den Ausdruck:

$$\frac{\dot{p}_t}{p_t} - r = \frac{-ar}{2bp_t} \text{ bzw. } \hat{p}_t = r - \frac{ar}{2bp_t} \tag{3.40}$$

Aus Gleichung (3.40) ist ersichtlich, dass $\hat{p}_t < r$ ist. Der Ressourcenpreispfad des Monopolisten steigt bei einer linearen Nachfragefunktion mit einer geringeren Rate als der Diskontrate an, wobei der Anfangspreis im Monopolfall über dem Anfangspreis im Wettbewerbsfall liegt:

$$p_0(Mon) > p_0(Wett)$$

In diesem Falle gilt mit den Worten *Solows* (1974), dass „the monopolist is the conservationist‘s best friend“, weil bei gleicher Ressourcenanfangsausstattung die Ressource im Monopolfall langsamer abgebaut wird. Dennoch ist dies gesamtwirtschaftlich gesehen ineffizient, da der wohlafahrtsoptimale Extraktionspfad dem Wettbewerbspfad entsprechen muss (vgl. Abschnitt 2.D). Der qualitative Unterschied zwischen dem Wettbewerbspreispfad und dem des Monopolisten bei einer linearen Nachfragefunktion, mit $a = \overline{p}$ und $b = 1$, ist in Abbildung 3.6 verdeutlicht.

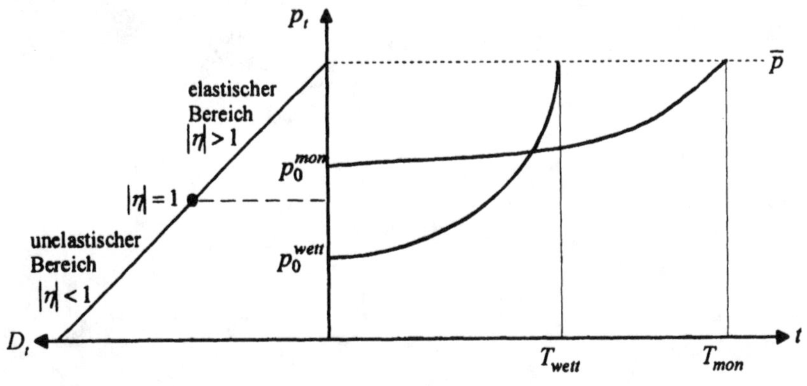

Abbildung 3.6: Monopol und vollkommener Wettbewerb bei linearer Nachfragefunktion

Dieses Ergebnis wird auch schon aus der Gleichung $\lambda_t = p_t \cdot \left(1 + \frac{1}{\eta(R_t)}\right) = \lambda_0 \cdot e^{rt}$ ersichtlich. Da bei einer linearen Nachfragefunktion die Nachfrageelastizität $\eta(R_t)$ zunehmend größer wird, ist für $\eta(R_t) > 1$ auch immer $\left(1 + \frac{1}{\eta(R_t)}\right) > 1$. Somit ist dann auch $\hat{p} < r$. Ein Monopolist wird also immer im elastischen Bereich $\eta(R_t) > 1$ der Nachfrage anbieten. Dies entspricht dem aus der mikroökonomischen Theorie bekannten Verhalten eines Monopolisten.

Kapitel 4: Wirkungen von Parameteränderungen

A. Einleitung

Nachfolgend sollen die Auswirkungen von Änderungen einiger relevanter ökonomischer Parameter auf den Extraktions- und Preispfad untersucht werden. Es wird dabei ein vollkommen wettbewerblich organisierter Ressourcenmarkt betrachtet, der sich einer linearen Nachfragefunktion gegenübersieht. Die Wirkung einer Zinsänderung wird in Abschnitt B erläutert, die Auswirkungen von Änderungen der Extraktionskosten sind Gegenstand von Abschnitt C. Wie sich Neuentdeckungen von Lagerstätten auf den Preispfad auswirken, wird in Abschnitt D dargestellt, während in Abschnitt E die Wirkung einer Ressourcenpreisobergrenze durch eine Backstop-Technologie untersucht wird. Die Wirkung unterschiedlicher Steuerregime auf den Extraktionspfad wird in Abschnitt F näher untersucht.

B. Änderungen des Zinssatzes

Da der Schattenpreis λ_t einer erschöpfbaren natürlichen Ressource mit dem Zinssatz bzw. der Diskontrate im Zeitablauf ansteigen muss, führt eine Erhöhung des Zinssatzes zu einem steileren Verlauf des Preispfades. Die Begründung hierfür ist recht einfach.

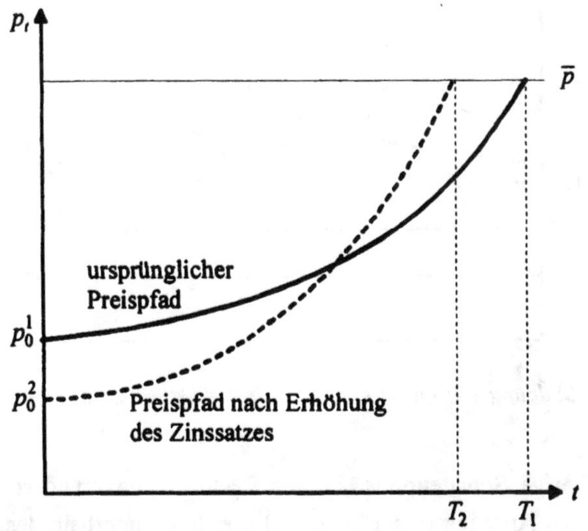

Abbildung 4.1: Auswirkung einer Erhöhung des Zinssatzes auf den Preispfad

Weil bei Erreichen des Prohibitivpreises $\overline{p}$ der Ressourcenbestand aufgebraucht sein muss, muss der Anfangspreis p_0^2 bei einer höheren Diskontrate $r^2 > r^1$ niedriger angesetzt werden als bei einem Preispfad mit einer niedrigeren Diskontrate. In der Folge liegt der Erschöpfungszeitpunkt nicht mehr bei T_1, sondern bei T_2. Die Abbildung 4.1 verdeutlicht die Wirkung einer Erhöhung des exogen gegebenen Zinsatzes von r^1 auf r^2. Dabei ist zu beachten, dass es sich bei dieser Analyse um eine Partialbetrachtung handelt. In einem allgemeinen Zusammenhang bedingt ein höherer Zinssatz in der Regel eine geringere Investition und damit unter Umständen auch einen geringeren Einsatz von natürlichen Ressourcen. Somit mag das auf einen höheren Zinssatz zurückzuführende höhere Angebot nicht auf eine steigende Nachfrage stoßen.

C. Extraktionskostenänderungen

Es wird ein homogener Ressourcenbestand in einer einzigen Lagerstätte betrachtet. Anhand der Abbildung 4.2 soll nun die Wirkung einer Änderung in der Fördertechnologie betrachtet werden, die dazu führt, dass die konstanten Grenzkosten der Extraktion von c^h auf c^n sinken.

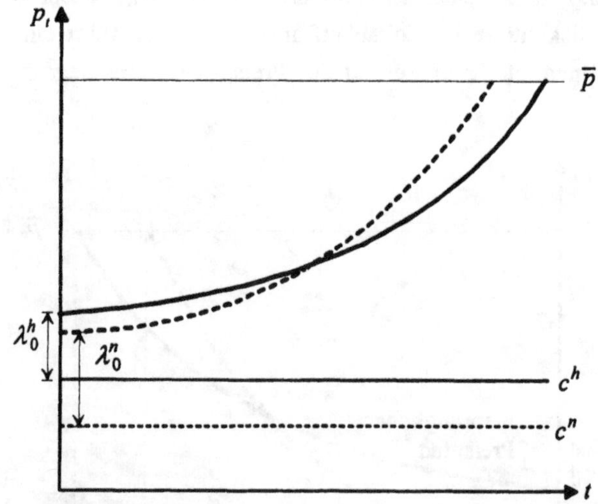

Abbildung 4.2: Auswirkungen einer Extraktionskostensenkung

Würde der bisherige Schattenpreis λ_t^h der Ressource unverändert bleiben, ergäbe sich für den neuen Anfangspreis $c^n + \lambda_0^h$. Dieser liegt unterhalb des alten Anfangspreises $p_0^h = c^h + \lambda_0^h$. Da der Schattenpreis λ_t^h mit dem Zinssatz r ansteigt, würde der neue Preispfad mit der gleichen Steigerungsrate immer unterhalb des alten Preispfades verlaufen. Folglich würde der Prohibitivpreis $\overline{p}$ zu einem späteren Zeitpunkt erreicht. Das würde aber bedeuten, dass mehr extrahiert werden müsste, als an Ressourcenausstattung zur Verfügung steht. Der neue Schattenpreis λ_t^n muss also größer sein als der alte Schattenpreis λ_t^h. Damit verläuft der neue Preispfad steiler als der alte, und somit wird auch der Prohibitivpreis $\overline{p}$ früher erreicht. Abbildung 4.2 zeigt die beiden Preispfade. Der Preisrückgang fällt aber geringer aus als der Rückgang der Extraktionskosten.

Anstelle eines plötzlichen Rückgangs der Extraktionskosten von c^h auf c^n, wie oben dargestellt, ist auch ein stetiger Rückgang der Ressourcenextraktionskosten denkbar. Dieser Rückgang in den Extraktionskosten kann beispielsweise durch stetigen Fortschritt in der Extraktionstechnologie erfolgen. Die einfachste Form im Zeitablauf rückläufiger Extraktionskosten lässt sich durch folgende Gleichung beschreiben:

$$c_t = c_0 \cdot e^{-\phi \cdot t} \tag{4.1}$$

Der Ressourcenpreis setzt sich nach wie vor aus den Extraktionskosten, die mit der Rate ϕ abnehmen, und dem mit dem Zinssatz ansteigenden Schattenpreis zusammen. Mit zunehmendem t dominiert der Schattenpreiseffekt, und der Ressourcenpreis steigt im Zeitablauf an. Zu Beginn jedoch kann der Kostenreduktionseffekt überwiegen, so dass auch der Ressourcenpreis rückläufig ist. Dieser kann dann einen J-förmigen Verlauf, wie in Abbildung 4.3 dargestellt, annehmen.

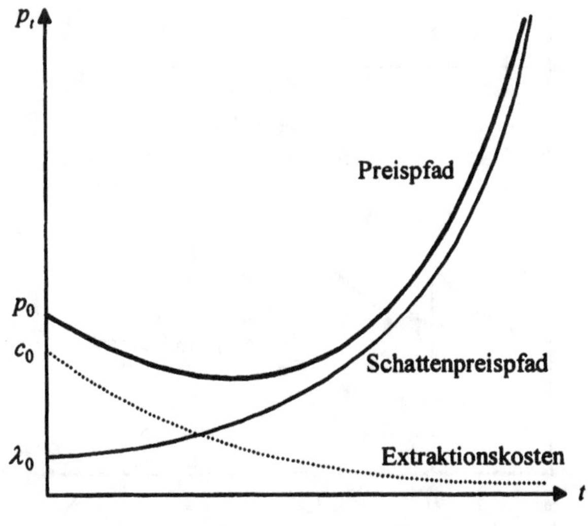

Abbildung 4.3: Preispfad bei rückläufigen Extraktionskosten

D. Entdeckung neuer Lagerstätten

Werden zum Zeitpunkt t_1 neue Lagerstätten entdeckt, sind also die Vorkommen größer als ursprünglich zum Zeitpunkt t_0 gedacht, so muss zum Zeitpunkt t_1 der optimale Extraktions- und Preispfad neu festgesetzt werden. Da die Reserven nun größer sind, sinkt der Schattenpreis, der aber weiterhin mit dem Zinssatz ansteigen muss. Folglich wird der Prohibitivpreis $\bar{p}$ erst zu einem späteren Zeitpunkt erreicht, wie Abbildung 4.4 zeigt.

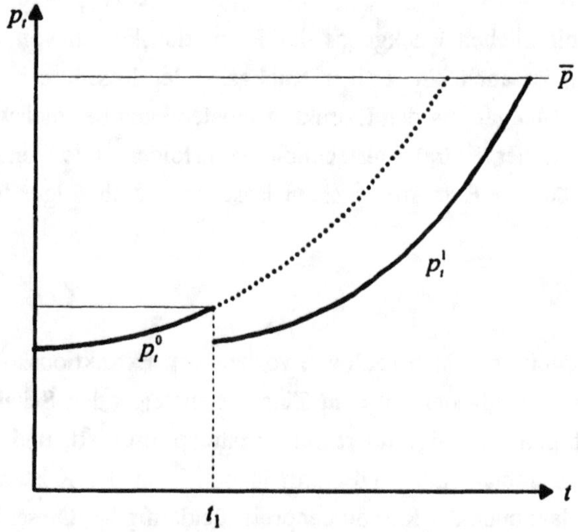

Abbildung 4.4: Plötzliche Erhöhung der Reserven

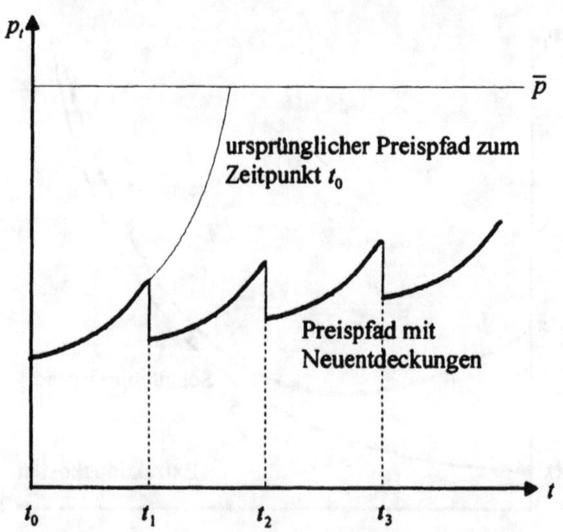

Abbildung 4.5: Kontinuierliche Reservenerhöhungen

Eine kontinuierliche Erhöhung der Reserven durch laufende Entdeckungen neuer Lagerstätten führt zu einer Sequenz von revidierten Preispfaden, wie in Abbildung 4.5 dargestellt. Werden die neuen Ressourcenfunde fortlaufend größer, so nimmt der Preispfad im Trend sogar ab.

E. Preisobergrenze durch Backstop-Technologien

Eine Backstop-Technologie ist eine Technologie, die ein vollkommenes Ressourcensubstitut in unbegrenztem Umfange zu konstanten Grenzkosten produzieren kann. Der Begriff der Backstop-Technologie wurde von *William D. Nordhaus* (1973) eingeführt. Ein Backstop bezeichnet ursprünglich einen vor allem beim Baseball gebräuchlichen Auffangzaun.

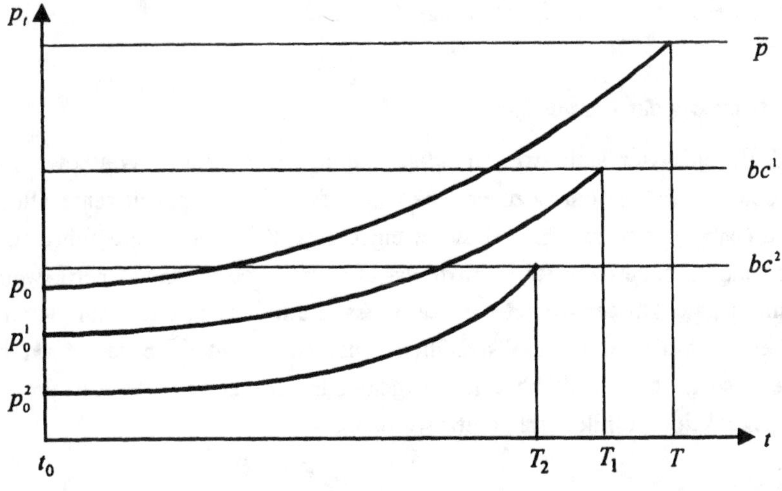

Abbildung 4.6: Wirkung einer Backstop-Technologie auf den Ressourcenpreispfad

Angenommen, ein Ressourcenmarkt sei durch vollkommenen Wettbewerb und eine lineare Nachfragefunktion gekennzeichnet. Ressourcenextraktionskosten fallen nicht an. Dann verläuft der Preispfad wie in Abbildung 3.1 hergeleitet. In Abbildung 4.6 entspricht dieser dem oberen Preispfad. Es existiert nun eine Backstop-Technologie, mit der ein Ressourcensubstitut produziert wird, das unter Bedingungen vollkommenen Wettbewerbs angeboten wird. Die Grenzkosten der Produktion des Ressourcensubstitutes seien mit bc^1 gegeben. Diese Grenzkosten der Produktion stellen nunmehr eine Preisobergrenze für die begrenzte natürliche Ressource dar. Ein Ressourcenpreis in Höhe von $p_t > bc^1$ kann nicht realisiert werden, denn kein Konsument würde die natürliche Ressource nachfragen, sondern das Ressourcensubstitut.

Offensichtlich kann der bisherige Preispfad nicht mehr aufrechterhalten werden. Da es aber ineffizient wäre, die Ressource nicht vollständig aufzubrauchen, muss diese mit Erreichen des Backstop-Preises bc^1 erschöpft sein. Aufgrund der weiterhin einzuhaltenden Hotelling-Regel $\hat{p} = r$ ist nur ein Preispfad möglich, der immer unterhalb vom ursprünglichen Preispfad liegt. Das bedeutet, dass der Anfangspreis p_0^1 im Falle einer Preisobergrenze durch die Backstop-Technologie $bc^1 < \overline{p}$ unterhalb von p_0 liegen muss. Da die Ressource in jedem Zeitpunkt t kostengünstiger angeboten wird, ist die Nachfrage größer, so dass der Erschöpfungszeitpunkt früher erreicht wird. Die Ressource muss vollständig extrahiert sein, wenn der Preispfad p_t^1 die Kosten der Substitutproduktion bc^1 im Zeitpunkt T_1 erreicht.

Fallen die Grenzkosten der Substitutproduktion im Zeitpunkt t_0 von bc^1 auf bc^2, so muss der neue Ressourcenpreispfad p_t^2 unterhalb des alten Preispfades p_t^1 liegen. Die Ressource wird folglich noch früher erschöpft.

F. Besteuerung der Ressource

Grundsätzlich lassen sich zwei Gründe ableiten, um auf einem Wettbewerbsmarkt die erschöpfbare Ressource zu besteuern. So fällt die Knappheitsrente allein den Ressourcenbesitzern zu. Eine Besteuerung dieser Knappheitsrente führt zu einer Umverteilung, ohne dass der Extraktions- und Preispfad verändert wird, wenn das Optimierungskalkül der Anbieter unbeeinflusst bleibt. Der zweite Grund kann darin bestehen, dass die gesamtgesellschaftliche Diskontrate unterhalb des Marktzinssatzes liegt; so kann dann durch eine Mengen- oder Wertsteuer eine ressourcenschonende Extraktionspolitik durchgesetzt werden.

Rentenbesteuerung

eine Rentenbesteuerung dient allein der Abschöpfung der Knappheitsrente. Der Extraktionspfad bleibt dabei unverändert, da allein die Knappheitsrente besteuert wird, und damit das Optimierungskalkül des einzelnen Anbieters unbeeinflusst bleibt. Die Steuer kann als fester Prozentsatz in Form einer Gewinnsteuer erhoben werden. Der Marktpreis und damit der Extraktionspfad bleiben unverändert, allein der Gewinn, den der Ressourcenbesitzer erhält, wird um die Steuer vermindert. Ist der Steuersatz θ_t variabel, so kann mit $\theta_t = \lambda_0 \cdot e^{rt}$ die Knappheitsrente vollständig abgeschöpft werden. Der Ressourcenbesitzer wird gleichsam enteignet. Dient die Besteuerung dagegen der Beeinflussung des Extraktionspfades, so muss zwischen einer **Mengensteuer** und einer **Wertsteuer** unterschieden werden.

Mengensteuer

Eine Mengensteuer wirkt wie eine Erhöhung der Grenzkosten der Extraktion. Der Marktpreis setzt sich aus den Extraktionskosten, dem Steuersatz τ und dem Schattenpreis zusammen. Der Schattenpreis bei einer Steuer ist aber geringer, als ohne zusätzliche Besteuerung. Da der Schattenpreis mit dem Zinssatz ansteigen muss, verläuft die Marktangebotskurve flacher. Eine Mengensteuer führt somit dazu, dass der Ressourcenabbau in die Zukunft gestreckt wird. In Abbildung 4.7 ist dieser Sachverhalt graphisch dargestellt.

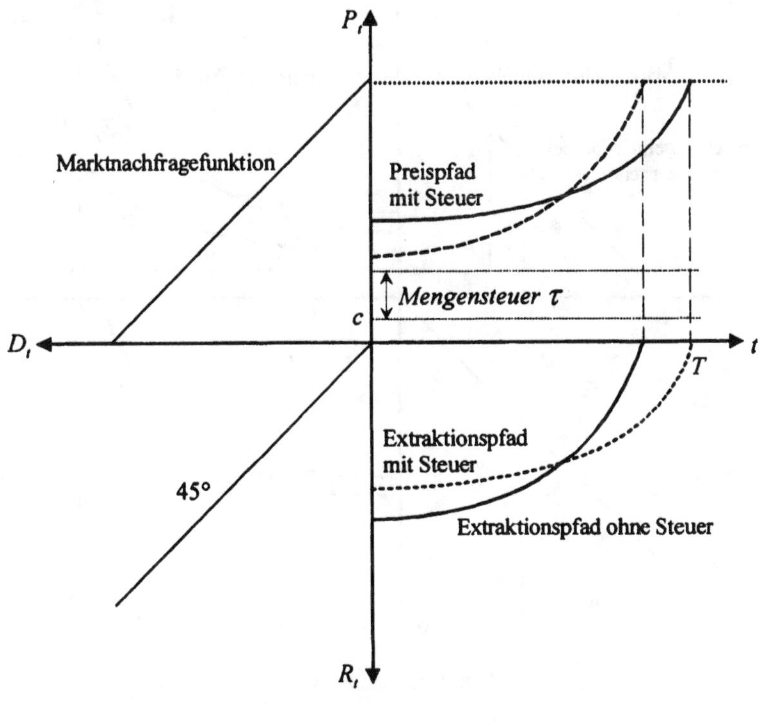

Abbildung 4.7: Mengensteuer

Wertsteuer

Eine Wertsteuer θ entspricht einem prozentualen Aufschlag auf den Ressourcenpreis. Der Preis nach Steuern $\tilde{p}_t$, also der Marktpreis, ergibt sich somit als $\tilde{p}_t = p_t(1+\theta)$. Der Preis p_t, den die Ressourcenanbieter erzielen, setzt sich weiterhin aus den Extraktionskosten und dem Schattenpreis zusammen, also $p_t = \lambda_t + c$. Der Schattenpreis wächst entsprechend der Hotelling-Regel mit dem Zinssatz r. Der Anbieterpreis p_t steigt jedoch mit einer niedrigeren Rate als r. Da die Wertsteuer sich auf den Anbieterpreis bezieht, sinkt somit auch der Gegenwartswert der Steuer im Laufe der Zeit. Es lohnt sich folglich, die Extraktion teilweise in die Zukunft zu verlagern. Nur dann, wenn auch der Anbieterpreis mit dem Zinssatz r steigt, d.h. $c = 0$, lohnt sich eine zeitliche Verlagerung nicht, der Extraktionspfad bleibt unverändert, die Steuerlast ist vollständig von den Anbietern zu tragen. Für den Marktpreis und damit für die Konsumenten ändert sich nichts. Das Ergebnis entspricht also dem der Rentenbesteuerung.

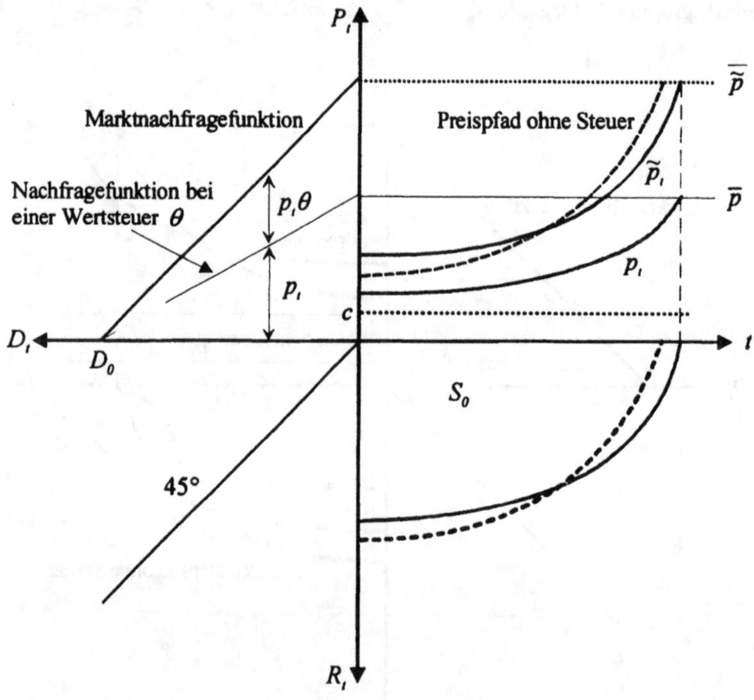

Abbildung 4.8: Wertsteuer

Graphisch lässt sich die Wirkung einer Wertsteuer leicht veranschaulichen. In der Ausgangssituation ist eine lineare Marktnachfragefunktion unterstellt. Die Extraktionskosten einer zu extrahierenden Einheit betragen c. Die zugehörigen Preis- und Mengenpfade sind in Abbildung 4.8 eingezeichnet. Wird nun eine Wertsteuer θ eingeführt, so ergibt sich die Preis-Absatz-Kurve aus Sicht der Ressourcenanbieter als Drehung der Marktnachfragekurve um den Achsenabschnitt D_0 nach rechts. Diese bildet für die Anbieter die relevante Nachfragefunktion. Als einziger zum Ressourcenvorrat S_0 möglicher Preispfad resultiert der Pfad p_t. Da der Schattenpreis kleiner sein muss als im Fall ohne Besteuerung, ergibt sich ein niedrigerer Anbieterpreis p_t. Der neue Prohibitivpreis $\bar{p}$ wird zu einem späteren Zeitpunkt erreicht. Der Marktpreispfad ergibt sich entsprechend der Gleichung $\tilde{p}_t = p_t(1+\theta)$. Graphisch wird er über eine punktweise Übertragung des Extraktionspfades bei Besteuerung über die 45°-Kurve und der Marktnachfragefunktion ermittelt.

In Kapitel 6 wird auf die Wirkung der Ressourcenbesteuerung auf internationalen Ressourcenmärkten und bei unterschiedlichen Marktstrukturen noch ausführlich eingegangen.

Dieses und das vorhergehende Kapitel haben deutlich gemacht, wie sehr das Ergebnis auf Märkten für erschöpfbare natürliche Ressourcen abhängig ist von der jeweiligen Marktstruktur (Wettbewerb/Monopol), des Nachfrageverhaltens (lineare/isoelastische Nachfragefunktion) sowie von staatlichen Interventionen durch Besteuerung. In den folgenden Kapiteln wird die Marktstruktur auf Ressourcenmärkten noch näher betrachtet.

Kapitel 5: Kartell versus Wettbewerbsrand

A. Einleitung

Seit dem ersten Ölpreisschock Anfang der 70er Jahre beschäftigt sich eine Reihe von Ökonomen mit den Auswirkungen, die eine nicht wettbewerblich organisierte Ressourcenanbieterseite auf den Gleichgewichtspreispfad ausübt. Der großen Mehrzahl von Modellen ist gemein, dass es sich um Partialbetrachtungen eines Ressourcenmarktes handelt. Dabei sind die einzigen strategisch handelnden Akteure auf der Anbieterseite zu finden, die Nachfrager agieren sämtlich als Preisnehmer, so dass sich ihr Verhalten mittels einer gegebenen Nachfragefunktion beschreiben lässt. Dieses Kapitel liefert einen Überblick über Formen oligopolistischer Angebotsstrukturen, in denen die Anbieterseite durch eine dominierende Kartellgruppe und zusätzlichen Wettbewerbsanbietern, dem Wettbewerbsrand, charakterisiert ist.

Wie in Kapitel 3 beschrieben, lässt sich das Optimierungskalkül eines Ressourcenmonopolisten sehr leicht ableiten. Gestützt auf die Theorie der Industrieökonomik liegt die Vermutung nahe, dass dieser Fall sich relativ einfach zum Modell eines dominanten Anbieters, welcher sich einer Gruppe von wettbewerbsmäßig agierenden Anbietern gegenübersieht, erweitern lässt. Die Angebotsmenge des Wettbewerbsrandes von der Gesamtnachfrage abgezogen, liefert dann die verbleibende Restnachfrage, der gegenüber sich der dominierende Anbieter wie ein Monopolist verhalten kann. Soweit entspricht diese Situation der des gewöhnlichen Teilmonopols. Allerdings müssen der dynamische Charakter des Optimierungskalküls sowie die strategischen Interaktionen berücksichtigt werden. Der dominierende Anbieter setzt mit seinem Angebot den Markpreis fest, woraufhin die Wettbewerbsanbieter ihre gewinnmaximale Menge anbieten, die wiederum von dem dominierenden Anbieter bei der Festsetzung ihrer Angebotsmenge berücksichtigt werden muss. Der Erschöpfbarkeit der Ressource ist mit der Berücksichtigung des Hotellingpfades Rechnung zu tragen. Um diese Situation analytisch beschreiben zu können, ist das Konzept der dynamischen Spiele anzuwenden (vgl. auch Kapitel 7 in Band I). Unter der Berücksichtigung der einem Ressourcenanbieter zur Verfügung stehenden Informationen muss dieser eine strategische Entscheidung treffen, die ihm sagt, welche Aktion er auszuführen hat; konkret also, wie hoch die zu extrahierende Menge sein soll. Die dem Spieler zur Verfügung stehenden Informationen werden in Form einer **Informationsstruktur** wiedergegeben. Je nach gewähltem Lösungskonzept und unterstellter Informationsstruktur ergibt sich eine Vielzahl von gleichgewichtigen Lösungen. Die Modelle lassen sich anhand der ihnen zugrunde gelegten Informationsstrukturen unterscheiden. Die **open-loop-Informationsstruktur** berücksichtigt nur die Anfangswerte der Zustandsvariablen, also der jeweiligen Ressourcenanfangsausstattungen. Die Entscheidungen, wie sich das System in der Zukunft bewegen soll, werden sämtlich zum gegenwärtigen Zeitpunkt getroffen. Die **feedback-Informationsstruktur** berücksichtigt hingegen jeweils den aktuellen Systemzustand. Feedback-Strategien sind analytisch nur in Ausnahmefällen lösbar, da sie das Lösen partieller Differentialgleichungssysteme erfordern. Aus diesem Grunde werden nachfolgend open-loop-Strategien vorgestellt.

In Abschnitt B werden die Ansätze zur Ableitung von open-loop-Strategien erläutert. Nash-Cournot-Strategien werden dann in Abschnitt C abgeleitet. Ein Vergleich des Marktergebisse auf einem teilkartellisierten Ressourcenmarkt und einem wettbewerblich organisierten Markt folgt in Abschnitt D. In Abschnitt E wird kurz erläutert, inwieweit sich Mengen- oder Preisstrategien hinsichtlich des Marktergebnisses auswirken. In Abschnitt F erfolgt eine zusammenfassende Darstellung von Stakkelberg-Gleichgewichtsstrategien.

B. Open-loop-Strategien

Bei Strategien in offener Schleife treffen die Akteure ihre Entscheidungen zum Zeitpunkt $t = 0$ und können zu einem späteren Zeitpunkt nicht mehr korrigierend eingreifen; die optimale Strategie wird mithin für alle späteren Zeitpunkte festgelegt. Der Gebrauch von open-loop-Strategien bei interdependenten Spielern bedeutet ein bewusstes Ignorieren von zu einem späteren Zeitpunkt erhältlichen, zusätzlichen Informationen. Der dominierende Anbieter wird als ein den gemeinsamen Nutzen maximierendes Kartell angenommen, wobei das Kartell entweder über den Preis oder über die Angebotsmenge maximieren kann. Alle kartellspezifischen Probleme wie Fragen der Kartellbildung und der Kartellstabilität bleiben vollkommen ausgeklammert. Der Wettbewerbsrand besteht aus einer Vielzahl von kleinen Anbietern, wobei jeder dieser kleinen Anbieter die Strategien der übrigen kleinen Anbieter und die Strategie der Kartellgruppe als gegeben annimmt.

Zur Modellierung des Wettbewerbsrandes gibt es zwei Möglichkeiten. Die erste Möglichkeit besteht in der Annahme, dass alle Anbieter des Wettbewerbsrandes als Preisnehmer agieren. Ihre individuelle Outputentscheidung lässt den Marktpreis unbeeinflusst, obwohl der Wettbewerbsrand in seiner Gesamtheit den Marktpreispfad selbstverständlich beeinflusst. Der Wettbewerbsrand optimiert bei gegebenem Preispfad allein über seine Angebotsmenge. Der einzelne kleine Anbieter entscheidet allein durch Arbitrageüberlegungen, zu welchem Marktpreis er zu einem beliebigen Zeitpunkt eine Ressourceneinheit extrahiert oder im Boden belässt. Gemäß dieser Verhaltensannahme ergibt sich notwendigerweise, dass, solange der Wettbewerbsrand im Markt ist, ein Gleichgewichtspreis gilt, der dem eines Wettbewerbspreispfad folgen muss.

Die zweite Möglichkeit besteht darin, den Wettbewerbsrand als eine Vielzahl von „kleinen" nicht-kooperierenden Nash-Cournot-Anbietern zu modellieren. Das Verhalten einer nicht-kooperierenden Anbietergruppe nähert sich dem Wettbewerbsverhalten dann und nur dann an, wenn die Zahl der kleinen Anbieter bei identischen Ressourcenanfangsausstattungen, identischen Diskontraten und identischen Extraktionskosten zunimmt. Erst wenn die Zahl der Gruppenmitglieder hinreichend groß ist, können diese Identitätsanforderungen aufgegeben werden. Nur bei „wettbewerbsgerechtem" Verhalten des Wettbewerbsrandes ist gewährleistet, dass der Wettbewerbsrand die entstehende Lücke zwischen Kartellangebot und Marktnachfrage auch ausfüllt.

Nachfolgend wird ein einfaches Modell beschrieben, das durch die folgenden Annahmen gekennzeichnet ist:

- Der Ressourcenbestand der Kartellgruppe zum Zeitpunkt t_0 ist gegeben durch S_0^k. Der individuelle Ressourcenbestand der n Wettbewerbsanbieter zum Zeitpunkt t_0 ist $S_0^{w_i}$ mit $i = 1,...,n$.

- Das Ressourcenangebot der Kartellgruppe zu einem beliebigen Zeitpunkt t sei R_t^k und das eines einzelnen Wettbewerbsanbieters sei $R_t^{w_i}$. Die kumulative Angebotsmenge des Wettbewerbsrandes ist dann $\sum_{i=1}^{n} R_t^{w_i} = R_t^w$.

- Das Marktangebot ergibt sich als Summe aus dem Kartell- und Wettbewerbsangebot: $R_t = R_t^k + R_t^w$.

- Der Einfachheit halber wird eine lineare Marktnachfragefunktion in der inversen Form $p_t = p - D_t$ unterstellt, mit D_t als die Menge, die die Konsumenten zum Preis p_t nachfragen.

- Die Kostenfunktionen der Kartellmitglieder lautet $C^k\left(R_t^k\right) = c^k \cdot R_t^k$ und die der Wettbewerbsanbieter lautet $C^w\left(R_t^w\right) = c^w \cdot R_t^w$.

- Sowohl das Kartell als auch die Wettbewerbsanbieter erzielen ihren Nutzen allein aus den Verkaufserlösen, wobei sie den Nutzen mit einem exogen gegebenen Zinssatz $r > 0$ diskontieren.

C. Nash-Cournot-Gleichgewichtsstrategien

Im folgenden wird angenommen, dass die beiden Anbietergruppen als Nash-Cournot-Spieler agieren. Jede der Gruppen sucht ihre gewinnmaximale Angebotsmenge bei gegebenem Output der jeweils anderen Gruppe. Das Maximierungskalkül eines einzelnen Wettbewerbsanbieters lautet:

$$\max_{R_t^{w_i}} \int_0^{\infty} \left[\left(p_t(R_t) - c^w\right) \cdot R_t^{w_i}\right] \cdot e^{-r \cdot t} \, dt \tag{5.1}$$

unter den Nebenbedingungen:

$$\int_0^{\infty} R_t^{w_i} \leq S_0^{w_i} \tag{5.1a}$$

$$R_t^{w_i} \geq 0 \tag{5.1b}$$

Aus der in laufenden Werten formulierten Hamiltonfunktion

$$H^{w_i} = p_t \cdot R_t^{w_i} - c^w \cdot R_t^{w_i} - \lambda_t^{w_i} \cdot R_t^{w_i}$$

und den Kuhn-Tucker-Bedingungen

$$\frac{\partial H^{w_i}}{\partial R_t^{w_i}} = p_t - c^{w_i} - \lambda_t^{w_i} \leq 0 \text{ und } \quad R_t^{w_i} \cdot \frac{\delta H^{w_i}}{\delta R_t^{w_i}} = 0$$

$$\dot{\lambda}_t^{w_i} = r \cdot \lambda_t^{w_i} - \frac{\partial H^{w_i}}{\partial S_t^{w_i}}$$

erhält man die notwendigen Bedingungen für den Preispfad eines einzelnen Wettbewerbsanbieters:

$$\frac{\partial H^{w_i}}{\partial R_t^{w_i}} \leq 0 \qquad \Rightarrow \quad p_t \leq c^{w_i} + \lambda_t^{w_i} \tag{5.2a}$$

$$\dot{\lambda}_t^{w_i} = r \cdot \lambda_t^{w_i} - \frac{\partial H^{w_i}}{\partial S_t^{w_i}} \qquad \Rightarrow \quad \hat{\lambda}_t^{w_i} = r \tag{5.2b}$$

Da innerhalb des Wettbewerbsrandes vollkommene Konkurrenz unterstellt wird, sind die *i* Kozustandsvariablen $\lambda_t^{w_i}$ alle identisch, so dass sie zu λ_t^w zusammengefasst werden können. Man erhält folglich:

$$p_t \leq c^w + \lambda_0^w \cdot e^{rt} \text{ mit } R_t^{w_i} \geq 0, \tag{5.3}$$

wobei $p_t = c^w + \lambda_0^w \cdot e^{rt}$ für $R_t^{w_i} > 0$.

Das Kartell nimmt nun den Angebotspfad des Wettbewerbsrandes R_t^w seinerseits als gegeben und maximiert unter Beachtung der Bestandsrestriktion seinen Gewinn. Unter Berücksichtigung der Gleichheit von Angebot R_t und Nachfrage D_t und der inversen Nachfragefunktion $p_t = \overline{p} - D_t = \overline{p} - R_t^w - R_t^k$ lautet das Maximierungsproblem des Kartells:

$$\max_{R_t^k} \int_0^\infty \left[\overline{p} - R_t^w - R_t^k - c^k\right] \cdot R_t^k \cdot e^{-r \cdot t}\, dt \tag{5.4}$$

unter den Nebenbedingungen:

$$\int_0^\infty R_t^k \leq S_0^k \tag{5.4a}$$

$$R_t^k \geq 0 \tag{5.4b}$$

Als notwendige Bedingungen ergeben sich aus der Hamiltonfunktion

$$H^k = \left[\overline{p} - R_t^w - R_t^k - c^k\right] \cdot R_t^k - \lambda_t^k \cdot R_t^k$$

sowie den Kuhn-Tucker-Bedingungen:

$$\frac{\partial H^k}{\partial R_t^k} \leq 0 \qquad \Rightarrow \quad \overline{p} - R_t^w - R_t^k \leq c^k + R_t^k + \lambda_t^k$$
$$p_t \leq c^k + R_t^k + \lambda_t^k \tag{5.5a}$$

$$\dot{\lambda}_t^k = r \cdot \lambda_t^k - \frac{\partial H^k}{\partial S_t^k} \qquad \Rightarrow \hat{\lambda}_t^k = r \tag{5.5b}$$

Somit ergibt sich für den Preispfad:

$$p_t \leq c^k + R_t^k + \lambda_0^k \cdot e^{r \cdot t} \text{ mit } R_t^k \geq 0, \tag{5.6}$$

wobei $p_t = c^k + R_t^k + \lambda_0^k \cdot e^{r \cdot t}$ für $R_t^k > 0$.

Die Gleichungen (5.3) und (5.6) müssen zusammen mit der Markträumungsbedingung $p_t = \overline{p} - R_t$ für jede Periode erfüllt sein.

Die Ressourcennachfrage kann dadurch befriedigt werden, dass entweder die Kartellgruppe oder der Wettbewerbsrand zu einem Zeitpunkt allein oder zusammen anbieten. Über den gesamten Zeithorizont gesehen, müssen allerdings beide Gruppen ihren Ressourcenvorrat vollständig aufbrauchen, sofern die jeweiligen Extraktionskosten nicht prohibitiv hoch sind. Nachfolgend werden die grundsätzlich denkbaren Konstellationen analysiert, um im darauf folgenden Schritt konkret Aussagen über mögliche Angebotsfolgen treffen zu können.

Die Kartellgruppe ist in einem beliebigen Zeitraum alleiniger Marktanbieter, d.h. $R_t^{w_i} = 0$ *und* $R_t^k > 0$

Da der Wettbewerbsrand nicht anbietet, muss bei positivem Ressourcenvorrat, der Marktpreis entsprechend Gleichung (5.3) unterhalb der Kosten $c^w + \lambda_0^w \cdot e^{r \cdot t}$ des Wettbewerbsrandes liegen:

(i) $p_t \leq c^w + \lambda_0^w \cdot e^{r \cdot t}$ mit $p_t < c^w + \lambda_0^w \cdot e^{r \cdot t}$ für $R_t^w = 0$

Der Preispfad ergibt sich nach Gleichung (5.6) aus dem Optimierungskalkül der Kartellgruppe:

(ii) $p_t = c^k + R_t^k + \lambda_0^k \cdot e^{r \cdot t}$ und $R_t^k > 0$

Es muss ferner die Markträumungsbedingung gelten:

(iii) $p_t = \overline{p} - R_t^k$

Aus den Gleichungen (i), (ii) unter Beachtung der Bedingung des komplementären Schlupfs und Gleichung (iii) folgt:

$$p_t = \overline{p} - R_t^k = c^k + R_t^k + \lambda_0^k \cdot e^{r \cdot t} \leq c^w + \lambda_0^w \cdot e^{r \cdot t}$$

Setzt man $R_t^k = \overline{p} - p_t$ in (ii) ein, erhält man den Ressourcenpreispfad:

$$p_t = \frac{\overline{p} + c^k + \lambda_0^k \cdot e^{r \cdot t}}{2} \tag{5.7}$$

Gleichung (5.7) ergibt also den Preispfad, dem das Kartell folgt, wenn es alleiniger Marktanbieter ist und sich wie ein Monopolist verhält. Dieser Preispfad soll mit P^3 bezeichnet werden. Entsprechend wird der Wettbewerbspreispfad mit P^1 und $c^k + \lambda_0^k \cdot e^{r \cdot t}$ mit P^2 bezeichnet. Letztere entspricht der Gleichung (ii), aber um R_t^k vermindert. Der Pfad P^2 kann als Preispfad der Kartellgruppe angesehen werden, wenn die Kartellgruppe entsprechend dem **Herfindahl-Problem** zu Wettbewerbsbedingungen anbieten würde. Auf einem vollkommenen Wettbewerbsmarkt, in dem alle Anbieter Preisnehmer sind, würde in einer ersten Phase der Anbieter mit den niedrigeren Extraktionskosten extrahieren, und zwar solange bis dessen Vorkommen vollkommen erschöpft sind, dann der Anbieter mit den höheren Extraktionskosten. Das dies auf einem unvollkommenen Markt nicht der Fall sein muss, dazu dienen diese Überlegungen. Es gelte also:

$$P^1 \equiv c^w + \lambda_0^w \cdot e^{r \cdot t}$$

$$P^2 \equiv c^k + \lambda_0^k \cdot e^{r \cdot t}$$

$$P^3 \equiv \frac{\overline{p} + c^k + \lambda_0^k \cdot e^{r \cdot t}}{2}$$

Für $R_t^k > 0$ muss $\overline{p} > c^k + \lambda_0^k \cdot e^{r \cdot t}$ sein, und somit auch $\frac{\overline{p}}{2} > \frac{c^k + \lambda_0^k \cdot e^{r \cdot t}}{2}$. Unter Berücksichtigung dieser Beziehung ergibt sich aus dem Vergleich von P^2 und P^3 unmittelbar, dass $P^2 < P^3$ gilt. Ferner gilt wegen Gleichung (i) unmittelbar $P^3 \equiv \frac{\overline{p} + c^k + \lambda_0^k \cdot e^{r \cdot t}}{2} = p_t \leq c^w + \lambda_0^w \cdot e^{r \cdot t} \equiv P^1$. Zwischen den einzelnen Preispfaden ergibt sich damit die folgende Beziehung zwischen den Preispfaden:

$$P^2 < P^3 \leq P^1 \tag{5.8}$$

Im Ergebnis heißt dies für den Fall, dass die Kartellgruppe in einer beliebigen Phase alleiniger Anbieter ist, dass der tatsächliche Preispfad dem Pfad P^3 folgt. Der Wettbewerbspreispfad P^1 muss oberhalb liegen, da der Wettbewerbsrand nicht anbietet, und da $P^2 \equiv c^k + \lambda_0^k \cdot e^{r \cdot t} < c^k + R_t^k + \lambda_0^k \cdot e^{r \cdot t} = p_t \equiv P^3$ für R_t^k ist, muss dieser unterhalb von allen anderen verlaufen.

Die Wettbewerbsanbieter produzieren in einem beliebigen Zeitraum allein, d.h. $R_t^k = 0$ *und* $R_t^{w_i} > 0$.

Dann gilt entsprechend den Gleichungen (5.3) und (5.6) sowie der Markträumingsbedingung:

(iv) $p_t = c^w + \lambda_0^w \cdot e^{r \cdot t}$ für $R_t^w > 0$

(v) $p_t < c^k + \lambda_0^k \cdot e^{r \cdot t}$ für $R_t^k = 0$

(vi) $p_t = \overline{p} - R_t^w$

$p_t = c^w + \lambda_0^w \cdot e^{r \cdot t}$ ist somit der einzig mögliche Preispfad: Aus den Gleichungen (iv) und (v) folgt sofort $P^1 \leq P^2$. Ferner ist $\dfrac{c^k + \lambda_0^k \cdot e^{r \cdot t}}{2} > \dfrac{c^w + \lambda_0^w \cdot e^{r \cdot t}}{2}$ und wegen (vi) ist $\dfrac{\overline{p}}{2} > \dfrac{p_t}{2}$ für $R_t^w > 0$. Daraus ergibt sich dann:

$$P^3 \equiv \frac{\overline{p}}{2} + \frac{c^k + \lambda_0^k \cdot e^{r \cdot t}}{2} > c^w + \lambda_0^w \cdot e^{r \cdot t} \equiv P^1$$

Zusammenfassend lassen sich die folgenden Beziehungen zwischen den Preispfaden ermitteln:

$$P^1 < P^2 \tag{5.9a}$$

$$P^1 < P^3 \tag{5.9b}$$

Beide Gruppen produzieren in einem beliebigen Zeitraum gleichzeitig, d.h. $R_t^k > 0$ *und* $R_t^w > 0$.

Es gilt mit den Gleichungen (5.3) und (5.6) sowie der Markträumungsbedingung:

(vii) $\quad p_t = c^w + \lambda_0^w \cdot e^{r \cdot t}$

(viii) $\quad p_t = c^k + R_t^k + \lambda_0^k \cdot e^{r \cdot t}$

(ix) $\quad p_t = \overline{p} - R_t^k - R_t^w$

Auch in diesem Fall ist der Wettbewerbspreispfad $P^1 \equiv p_t = c^w + \lambda_0^w \cdot e^{r \cdot t}$ der aktuelle Preispfad. Selbst dann, wenn beide Anbietergruppen die Marktnachfrage bedienen, folgt der Preispfad demjenigen, den die Wettbewerbsanbieter determinieren.

Da $R_t^k > 0$ ist, folgt aus (viii) unmittelbar $p_t = c^k + R_t^k + \lambda_0^k \cdot e^{r \cdot t} > P^2$, und da $P^1 \equiv p_t = c^w + \lambda_0^w \cdot e^{r \cdot t}$ ist, gilt somit $P^2 < P^1$. Gleichsetzen von (vii) und (ix) und nach $\overline{p}$ aufgelöst, liefert den Ausdruck: $\overline{p} = c^w + \lambda_0^w \cdot e^{r \cdot t} + R_t^k + R_t^w$. Diesen Ausdruck in den Preispfad P^3 eingesetzt, ergibt unter Berücksichtigung von (vii) und (viii):

$$P^3 \equiv \frac{c^w + \lambda_0^w \cdot e^{r \cdot t} + R_t^w + c^k + \lambda_0^k \cdot e^{r \cdot t} + R_t^k}{2} = \frac{p_t + R_t^w + p_t}{2}.$$

Offensichtlich ist damit dann auch $P^3 \equiv \dfrac{p_t + R_t^w + p_t}{2} > \dfrac{p_t + p_t}{2} = p_t \equiv P^1$.

Somit ergibt sich zwischen den Preispfaden die folgende Beziehung:

$$P^2 < P^1 < P^3 \tag{5.10}$$

Die Beziehungen (5.8)-(5.10) können nun dazu benutzt werden, die Vielzahl möglicher Angebotsfolgen zu reduzieren. Dazu seien einige Überlegungen angestellt.

Überlegung 1:

Angenommen, die Kartellgruppe produziere zunächst allein oder zusammen mit dem Wettbewerbsrand. Aus den Gleichungen (5.8) und (5.10) ergibt sich erstens, dass der Preispfad P^3 zu Beginn nicht möglich ist, zweitens, dass $P^1 > P^2$ ist. Da es sich um stetige Pfade handelt, muss ab einem Zeitpunkt t^* notwendigerweise immer $P^2 > P^1$ gelten, wobei sich in t^* die Preispfade schneiden (vgl. Abb. 5.1a). Ab t^* kann die Kartellgruppe ihren Preis nicht mehr am Markt realisieren, eine Produktion seitens der Kartellgruppe ist nicht mehr möglich. Eine Unterbrechung und spätere Wiederaufnahme der Produktion kann wegen der Stetigkeit der Preispfade nicht erfolgen.

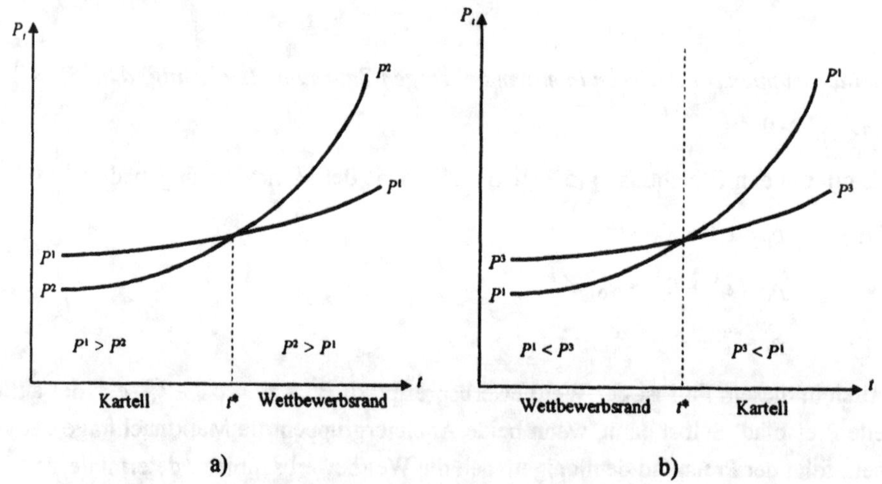

Abbildung 5.1: Kartell-versus-Wettbewerbsrand I

Dies gilt analog für den Wettbewerbsrand (vgl. Abb. 5.1b). Produzieren die Wettbewerbsanbieter bis zum Zeitpunkt t^* allein, dann gilt gemäß den Gleichungen (5.9) und (5.10) $P^3 \geq P^1$ mit $P^3 = P^1$ in t^*. Ab t^* gilt dann aber für immer $P^1 > P^3$, eine Produktion des Wettbewerbsrandes ist zu einem späteren Zeitpunkt aufgrund der Stetigkeit der Pfade ebenfalls nicht mehr möglich.

Fazit: Beginnt eine der Anbietergruppen zu produzieren, so produziert sie solange, bis ihre Ressource vollkommen erschöpft ist.

Überlegung 2:

Angenommen, die Kartellgruppe produziere vor t^* allein, in t^* finde dann ein Wechsel zur alleinigen Produktion des Wettbewerbsrandes statt. Dann gilt gemäß Gleichung (5.8) während der Kartellproduktion $P^2 < P^3 \leq P^1$, mit $P^3 = P^1$ zum Zeitpunkt t^*. Wie aus Abbildung 5.2a ersichtlich ist, muss aufgrund der Stetigkeit der Preispfade eine Periode folgen, in der $P^2 < P^1 < P^3$ gilt, d.h. es muss gemäß Gleichung (5.10) eine Phase simultaner Produktion folgen. Entsprechend kann auf das alleinige Produzieren des Wettbewerbsrandes nicht unmittelbar auf das Kartell folgen, wie die Abbildung 5.2b zeigt.

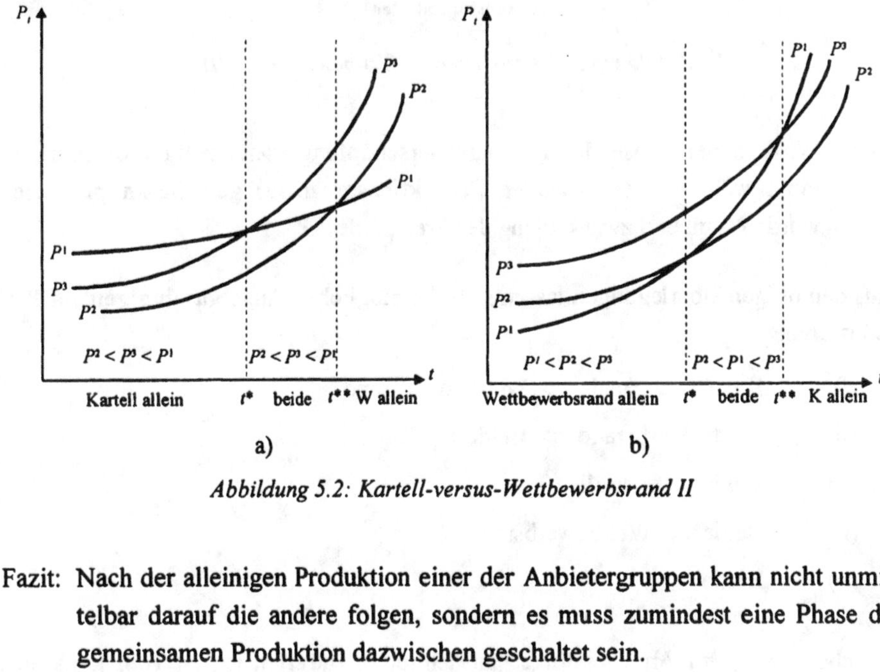

Abbildung 5.2: Kartell-versus-Wettbewerbsrand II

Fazit: Nach der alleinigen Produktion einer der Anbietergruppen kann nicht unmittelbar darauf die andere folgen, sondern es muss zumindest eine Phase der gemeinsamen Produktion dazwischen geschaltet sein.

Überlegung 3:

Angenommen, die Anbieter erschöpfen ihre Ressource gleichzeitig zum Zeitpunkt *T*, wobei der Marktpreis den Prohibitivpreis $\overline{p}$ erreicht haben muss. Alle Preispfade müssen also zum Zeitpunkt *T* beim Preis $\overline{p}$ enden. Bis zum Erreichen dieses Punktes gilt bei gemeinsamer Produktion aber strikt $P^2 < P^1 < P^3$. Da diese Beziehung zwischen den Pfaden immer gelten muss, muss immer gleichzeitig produziert werden. Die Abbildung 5.3 verdeutlicht diesen Zusammenhang, wobei die Zeitachse „rückwärts" zu interpretieren ist.

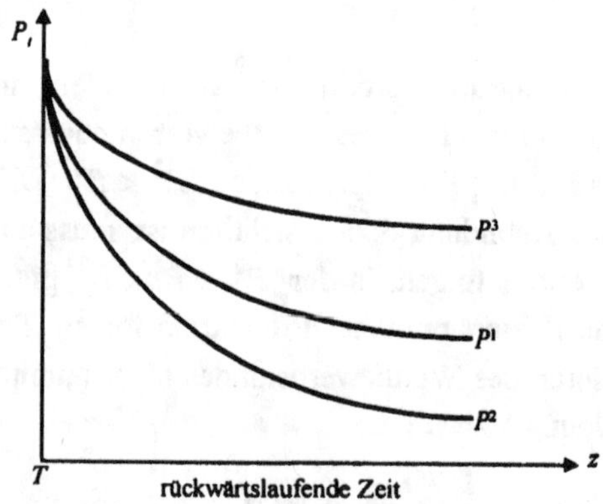

Abbildung 5.3: Kartell-versus-Wettbewerbsrand III

Fazit: Wird in der Phase der Ressourcenerschöpfung gleichzeitig produziert, so muss während des gesamten Produktionsprozesses gemeinsam produziert worden sein, und zwar entlang des Preispfades P^2.

Aus den obigen Überlegungen lassen sich die möglichen Angebotsabfolgen auf fünf reduzieren:

(i) Kartell ⇒ Beide ⇒ Wettbewerbsrand

(ii) Wettbewerbsrand ⇒ Beide ⇒ Kartell

(iii) Beide ⇒ Kartell

(iv) Beide ⇒ Wettbewerbsrand

(v) Beide

Welche dieser fünf Angebotsfolgen tatsächlich anzutreffen ist, ist vom konkreten Verlauf der Preispfade abhängig. Diese beruhen ihrerseits auf den gegebenen Ressourcenanfangsausstattungen des Kartells und des Wettbewerbsrandes, sowie auf den spezifischen Extraktionskosten.

Die analytische Herleitung der Angebotsfolgen ist äußerst kompliziert und benötigt die Methoden der dynamischen Programmierung. Aus diesem Grunde erfolgt die Herleitung üblicherweise mittels numerischer Verfahren. Zur Veranschaulichung der Preis- und Extraktionspfade in einem Kartell-versus-Wettbewerbsrand-Ansatz sind zwei Beispiele nachfolgend dargestellt. Die jeweiligen Extraktions- und Preispfade sind mit Hilfe von numerischen Methoden der dynamischen nicht-linearen Optimierung abgeleitet worden.

Dem ersten Beispiel liegen die folgenden Annahmen zugrunde:

Ressourcenausstattung:	$S_0^w = S_0^k = 500$
Extraktionskosten je Einheit:	$c^w = c^k = 3$ €
Diskontrate:	$r = 0{,}06$
Inverse Marktnachfragefunktion:	$p_t = 120 - 2{,}5 \cdot R_t$

Abbildung 5.4 zeigt die resultierenden Extraktions- und Preispfade. Die optimale Extraktionsstruktur und der Preispfad lassen sich in zwei Phasen unterteilen. In Phase 1, die den Zeitraum $[0, t^*]$ umfasst, bieten sowohl der Wettbewerbsrand als auch das Kartell an. Während die Angebotsmenge des Wettbewerbsrandes laufend abnimmt, nimmt die Angebotsmenge des Kartells zu. In dieser Phase steigt der Preispfad entsprechend der r%-Regel. In der Phase 2,$]t^*,T]$, bietet allein die Kartellgruppe an. Der Preispfad folgt dem Monopolpreispfad.

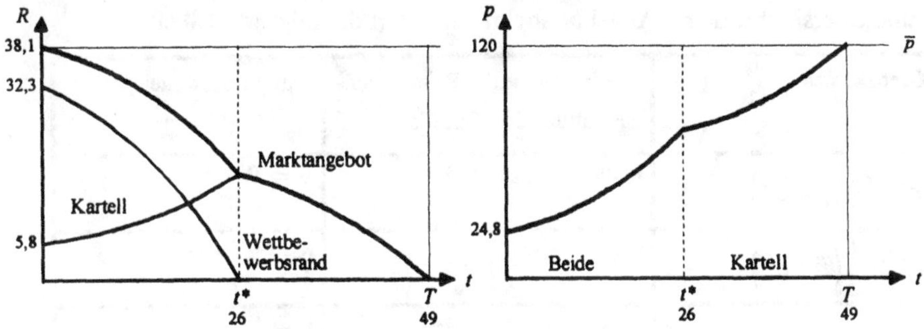

Abbildung 5.4: Extraktions- und Preispfade

Das zweite Beispiel ist durch folgende Annahmen beschrieben:

Ressourcenausstattung:	$S_0^w = 300, \quad S_0^k = 700$
Extraktionskosten je Einheit:	$c^w = 65$ €, $c^k = 3$ €
Diskontrate:	$r = 0{,}06$
Inverse Marktnachfragefunktion:	$p_t = 120 - 2{,}5 \cdot R_t$

Abbildung 5.5 zeigt die resultierenden Extraktions- und Preispfade. Die optimale Extraktionsstruktur lässt sich jetzt in drei Phasen unterteilen. In der ersten Phase produziert allein das Kartell und bietet zum Monopolpreispfad an. Ein Monopolist bietet immer im unelastischen Bereich der Nachfrage an. Produziert das Kartell also in einer ersten Phase allein, so ist das nur möglich, wenn die Grenzkosten des Wettbewerbsrandes ebenfalls im unelastischen Bereich der Nachfrage liegen. In der zweiten Phase $]t^*,t^{**}]$ produzieren sowohl die Kartellgruppe als auch der Wettbewerbsrand. Der Preispfad entspricht dem Wettbewerbspreispfad. Zum Zeitpunkt t^{**}

hat die Kartellgruppe ihre Reserven erschöpft, somit produziert in der dritten Phase $]t^{**},T]$ allein der Wettbewerbsrand.

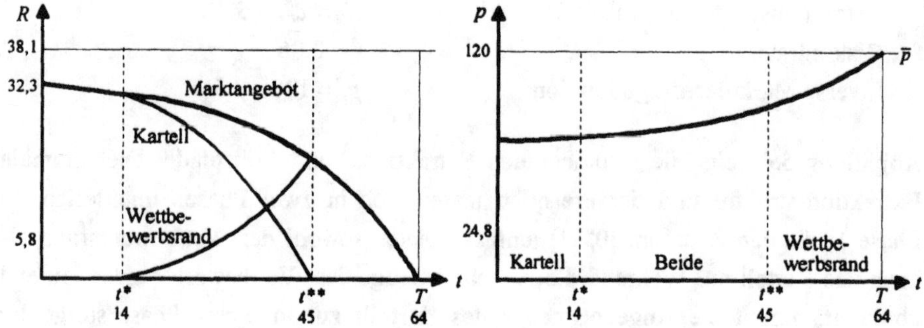

Abbildung 5.5: Extraktions- und Preispfade

Eine Übersicht weiterer Angebotsstrukturen liefert die folgende Tabelle:

Grenzkosten	relative Größe der Ressourcen-ausstattung des Kartells	Extraktionsfolge[1]
$c^w > \frac{1}{2}(\overline{p}+c^k)$	klein	$B \Rightarrow W$
$c^w > \frac{1}{2}(\overline{p}+c^k)$	groß	$K \Rightarrow B \Rightarrow W$
$c^w = \frac{1}{2}(\overline{p}+c^k)$	beliebig	$K \Rightarrow W$
$c^k < c^w < \frac{1}{2}(\overline{p}+c^k)$	groß	$B \Rightarrow K$
$c^k < c^w < \frac{1}{2}(\overline{p}+c^k)$	Spezialfall	B
$c^k < c^w < \frac{1}{2}(\overline{p}+c^k)$	klein	$B \Rightarrow W$
$c^k = c^w$	beliebig	$B \Rightarrow K$
$c^k > c^w$	groß	$B \Rightarrow K$
$c^k > c^w$	klein	$W \Rightarrow B \Rightarrow K$

[1] K: alleinige Kartellproduktion zu Monopolpreisen, W: alleinige Produktion des Wettbewerbsrandes, B: simultane Produktion entlang eines Wettbewerbspreispfades
Quelle: Withagen (1985, 1990)

Tabelle 5.1: Angebotsstrukturen bei open-loop-Nash-Gleichgewichtsstrategien

D. Teilkartellierte und wettbewerbliche Ressourcenmärkte im Vergleich

Betrachtet wird nun das Modell eines teilkartellierten Ressourcenmarktes mit *n* identischen kleinen Ressourcenbesitzern, von denen sich *n*/2 Ressourcenbesitzer zu einem den gemeinsamen Gewinn maximierenden Kartell zusammenschließen. Wie aus der Tabelle 5.1 (drittletzte Zeile) ersichtlich ist, folgt auf eine Phase gemeinsamer Produktion die Phase, in der das Kartell bis zum Erschöpfungszeitpunkt *T* allein anbietet. Die Wettbewerbsgruppe hat am Ende der ersten Phase bereits sämtliche Reserven verbraucht (vgl. Abbildung 5.1b). Da das Kartell dann und nur dann anbietet, wenn sein Grenzgewinn (die Differenz zwischen Grenzerlös und Grenzkosten der Extraktion) mit dem Zinssatz steigt (vgl. Gleichung 3.35), der Wettbewerbsrand hingegen nur dann anbietet, wenn der Marktpreis mit dem Zinssatz steigt, es aber gemäß Gleichung (3.40) gilt: $\widehat{MR}^k < \hat{p}$, muss es während der Phase der gemeinsamen Produktion zu einem stetigen relativen und absoluten Marktanteilszuwachs für das Kartell kommen. Für die Überschussnachfrage, die Nachfrage also, die allein vom Kartell bedient wird, gilt also:

$$\hat{p} + \frac{d\left(1+\frac{1}{\eta\left(R_t^k\right)}\right)}{dt} \cdot \frac{1}{\left(1+\frac{1}{\eta\left(R_t^k\right)}\right)} = r \tag{5.11}$$

Da, wie erwähnt, während der gemeinsamen Phase der Produktion der Preis mit dem Zinssatz steigt, muss der zweite Term der linken Seite konstant sein. Bei einer nicht isoelastischen (Überschuss-) Nachfragefunktion, wie der hier unterstellt linearen (Überschuss-) Nachfragefunktion muss die Preiselastizität $\eta\left(R_t^k\right)$ konstant bleiben.

Das aber ist nur möglich, wenn sich die Nachfragefunktion nach außen verschiebt. Bei gegebener stationärer Gesamtmarktnachfragefunktion geht dies zu Lasten der Angebotsmenge des Wettbewerbsrandes. Beim Übergang in die zweite Phase ist der Wettbewerbsrand vollkommen vom Markt verschwunden. Das Kartell ist monopolistischer Anbieter, seine Angebotsmenge geht aber nun kontinuierlich zurück, bis sie zum Erschöpfungszeitpunkt *T* den Wert Null annimmt.

Wie die Abbildung 5.6 zeigt, steigt der Preis mit einer geringeren Rate als der Wettbewerbspreispfad, d.h. $\hat{P}^1 > \hat{P}^3$. Das bedeutet, dass der Wettbewerbsrand, der seine Reserven bereits in der früheren ersten Phase verbraucht hat, relativ stärker von der Kartellbildung profititiert hat als die Kartellmitglieder. Zwar profitieren alle Ressourcenbesitzer von der Kartellbildung, die Mitglieder des Wettbewerbsrandes relativ gesehen jedoch mehr. Jedes Kartellmitglied hat also einen Anreiz vom Kartellmengenpfad abzuweichen und sich wie ein Wettbewerbsanbieter zu verhalten. Zudem stellt sich in diesem Modellrahmen die Frage, aus welchen Gründen es überhaupt zu einer Kartellbildung gekommen ist, und warum nicht alle Anbieter im Kartell vertreten sind.

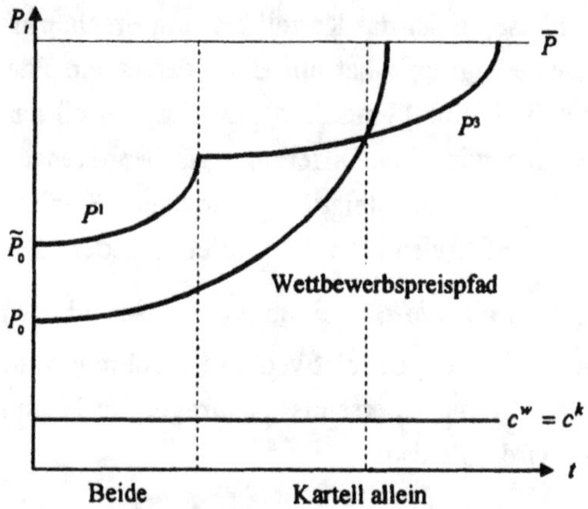

Abbildung 5.6: Preispfade

Es ist offensichtlich, dass dieses spezifische Ergebnis abhängig von der Annahme identischer Ressourcenausstattungen und Kostenfunktionen aller Ressourcenbesitzer ist. Wenn die Grenzkosten der Extraktion für die Mitglieder des Kartells unter denen des Wettbewerbsrandes liegen, haben vor der Kartellbildung allein diese ihre Ressource angeboten. Die Wettbewerbsanbieter werden erst dann anbieten, wenn die Reserven der (potentiellen) Kartellmitglieder erschöpft sind. Durch die Kartellbildung profitiert folglich der Wettbewerbsrand. Darüber hinaus lässt sich zeigen, dass der Wettbewerbsrand in der letzten Phase produziert, wenn das Kartell erhebliche Kostenvorteile hat, d.h. wenn $c^w > \frac{1}{2}\left(\overline{P} + c^k\right)$. In diesem Fall verliert der Wettbewerbsrand durch die Kartellbildung gegenüber einer Situation vollkommenen Wettbewerbs. Produziert hingegen die Kartellgruppe in der letzten Phase allein, profitiert der Wettbewerbsrand durch die Kartellbildung relativ stärker als die Kartellmitglieder.

E. Preis- versus Mengenankündigung

In den oben ausgeführten open-loop-Nash-Cournot-Konzepten wird unterstellt, dass die Kartellgruppe den Preispfad ankündigt. Nachfolgend wird gezeigt, dass es unerheblich ist, ob das Kartell den Preis oder die Angebotsmenge ankündigt. Würde das Kartell aber seinen Extraktionspfad ankündigen, wäre das Maximierungskalkül des einzelnen Wettbewerbsanbieters wie folgt zu beschreiben, wobei R_t^{w-i} als das aggregierte Angebot der Wettbewerbsanbieter ohne Anbieter *i* sei:

$$\max_{R_t^{w_i}} \int_0^{\infty} \left[\left(\overline{P} - R_t^{w-i} - R_t^{w_i} - R_t^k - c^w \right) \cdot R_t^{w_i} \right] \cdot e^{r \cdot t} \, dt \tag{5.12}$$

unter den Nebenbedingungen (5.1a,b). Als notwendige Bedingung erhält man:

$$\overline{P} - R_t^{w-i} - 2R_t^{w_i} - R_t^k - c^w \leq \lambda_t^{w_i} \tag{5.13}$$

Diese Gleichung lässt sich mit $p_t = \overline{P} - R_t^{w-i} - R_t^{w_i} - R_t^k$ umformen zu:

$$p_t \leq R_t^{w_i} + c^w + \lambda_t^{w_i} \tag{5.13a}$$

Unter der Annahme, dass die Zahl der Wettbewerbsanbieter gegen unendlich strebt, geht das Angebot des *i*-ten Anbieters $R_t^{w_i}$ gegen null und die Kozustandsvariable $\lambda_t^{w_i}$ vereinfacht sich zu λ_t^w. Man erhält folglich wieder die Gleichung (5.3).

Das Optimierungskalkül des Kartells wird durch die Gleichungen (5.4) unverändert beschrieben. Man sieht also, dass es unerheblich ist, ob das Kartell seinen Preispfad oder seinen Extraktionspfad ankündigt. Da jedes Mitglied des Wettbewerbsrandes seinen Gewinn über die eigene Angebotsmenge, gegeben die Angebotsmenge aller anderen Anbieter, maximiert, ist gewährleistet, dass bei unendlich vielen Wettbewerbsanbietern diese in ihrer Gesamtheit genau die Lücke zwischen Kartellangebot und Marktnachfrage zum Wettbewerbspreis füllen.

F. Stackelberg Gleichgewichtsstrategien

Ist sich die Kartellgruppe ihres dominierenden Einflusses auf das Angebotsverhalten des Wettbewerbsrandes bewusst, so ist an Stelle des Nash-Cournot-Ansatzes das Stackelberg-Lösungskonzept als problemadäquat anzusehen. In diesem Fall kündigt das Kartell den Preispfad (oder seinen Angebotspfad) für den gesamten Planungshorizont an, berücksichtigt aber bei der Wahl seines optimalen Pfades die Reaktion des Wettbewerbsrandes auf den angekündigten Preis- respektive Extraktionspfad. Das Kartell ist somit der strategisch agierende Stackelberg-Leader, während der Wettbewerbsrand als Stackelberg-Follower nicht strategisch, aber vorausschauend agiert.

Das zugehörige Kontrollproblem lässt sich jedoch nicht nach dem herkömmlichen Pontryagin'schen Maximumprinzip lösen. Alternative notwendige Bedingungen, die auf *Neustadt* (1976) zurückgehen, verlangen nicht, dass die Kozustandsvariablen, also die Schattenpreise, stetig sein müssen. Im obigen Problem können deshalb Diskontinuitäten, also Sprünge in den Preis- und Extraktionspfaden, auftreten. Ein weiteres Problem bei open-loop-Stackelberg-Strategien besteht darin, dass die optimalen Pfade nicht notwendigerweise zeitkonsistent sein müssen. Der optimale Pfad wird zum Zeitpunkt $t = 0$ festgelegt, es gibt für keinen der beteiligten Spieler einen anderen Pfad, der vom Zeitpunkt $t = 0$ aus betrachtet einen höheren Gewinn realisiert. Jedoch kann es für einen Spieler gewinnerhöhend sein, zu einem späteren Zeitpunkt $t > 0$, diesen Pfad zu verlassen. Der open-loop-Gleichgewichtspfad ist somit nicht zeitkonsistent. Eine Übersicht über die Angebotsstrukturen liefert die Tabelle 5.2.

Grenzkosten	relative Größe der Ressourcenausstattung des Kartells	Extraktionsfolge[1]	Bemerkungen
$c^w > \frac{1}{2}\left(\bar{p}+c^k\right)$	klein	$K^w \Rightarrow W$	zeitkonsistent
$c^w > \frac{1}{2}\left(\bar{p}+c^k\right)$	groß	$K \Rightarrow K^w \Rightarrow W$	zeitkonsistent
$c^w = \frac{1}{2}\left(\bar{p}+c^k\right)$	beliebig	$K^w \Rightarrow W$	zeitkonsistent
$c^k < c^w < \frac{1}{2}\left(\bar{p}+c^k\right)$	groß	$K^w \Rightarrow W \Rightarrow K$	zeitinkonsistent, diskontinuierlich
$c^k < c^w < \frac{1}{2}\left(\bar{p}+c^k\right)$	sehr groß	$K^w \Rightarrow K \Rightarrow W \Rightarrow K$	zeitinkonsistent, diskontinuierlich
$c^k < c^w < \frac{1}{2}\left(\bar{p}+c^k\right)$	klein	$K^w \Rightarrow W$	zeitkonsistent
$c^k = c^w$	beliebig	$B \Rightarrow K^w$	zeitinkonsistent; Ausnahme: Pfad gleicht dem Nash-Pfad
$c^k > c^w$	beliebig	$W \Rightarrow K^w \Rightarrow K$	zeitinkonsistent

1 K: alleinige Kartellproduktion zu Monopolpreisen, K^w: alleinige Kartellproduktion zu wettbewerbspreisen, W: alleinige Produktion des Wettbewerbsrandes, B: simultane Produktion

Quelle: Groot/Withagen/de Zeeuw (1990)

Tabelle 5.2: Angebotsstrukturen bei open-loop Stackelberg-Strategien

Die Zeitinkonsistenz eines optimalen Preispfades lässt sich am Beispiel der Angebotsfolge $W \Rightarrow K \Rightarrow K^m$ zeigen. In einer ersten Phase produziert allein der Wettbewerbsrand zu Wettbewerbspreisen. Nachdem die Reserven der Wettbewerbsanbieter erschöpft sind, beginnt die Kartellgruppe zu produzieren. Obwohl sie alleiniger Anbieter ist, bietet sie weiterhin zu Wettbewerbspreisen an, erst in einer späteren Phase bietet sie zu Monopolpreisen an. Dass die Kartellgruppe nach dem Ausscheiden der Wettbewerbsanbieter nicht ihren gewinnmaximalen Extraktionspfad wählt, ist unglaubwürdig. Die Kartellgruppe wird unmittelbar nach Ausscheiden des Wettbewerbsrandes zu Monopolpreisen anbieten. Da die Wettbewerbsanbieter dies in ihrem Kalkül berücksichtigen, ist der optimale Preispfad also zeitlich inkonsistent und damit nicht glaubwürdig. Er wird folglich erst gar nicht zustandekommen.

Kapitel 6: Oligopolistische Marktstrukturen

A. Einleitung

Während im vorherigen Kapitel ein teilmonopolisierter Ressourcenmarkt betrachtet wurde, wird nun ein oligopolistischer Markt näher analysiert. Alle Anbieter einer erschöpfbaren natürlichen Ressource agieren nun strategisch und berücksichtigen bei der Wahl ihrer optimalen Strategie die Strategien der übrigen Anbieter. Um die Wirkung unterschiedlicher Zeitpräferenzraten auf die Extraktionspfade und damit auch auf den Marktpreis analysieren zu können, wird nachfolgend statt eines einheitlichen Marktzinses r die individuelle Zeitpräferenzrate δ^i, $i = (1,...,n)$ herangezogen.

B. Der Ressourcenmarkt als ein nicht-kooperatives Oligopol

Unter einem **nicht-kooperativen Oligopol** wird eine endliche Anzahl von Ressourcenanbietern verstanden, von denen jeder einzelne derart von Bedeutung ist, dass er mit seiner Extraktionspolitik den Marktpreis beeinflussen kann. Im Gegensatz zum Modell mit einem dominanten Anbieter ist es in einem Oligopolmodell, in dem keiner der Spieler einen dominierenden Einfluss ausüben kann, sinnvoll, sich auf **Nash-Cournot-Gleichgewichtskonzepte** zu beschränken und nur hinsichtlich der Informationsstruktur zu unterscheiden. Ein Gleichgewicht liegt dann vor, wenn es keinem individuellen Anbieter unter der Voraussetzung, dass die übrigen Anbieterstaaten weiterhin ihre Nash-Cournot-Strategie verfolgen, gelingt, seinen Gewinn durch Abweichen von seinem Nash-Cournot-Pfad zu erhöhen.

a) Open-loop-Nash-Cournot-Gleichgewichtskonzepte

Jeder individuelle Anbieter nimmt den Angebotspfad aller übrigen n -1 Anbieter als gegeben und maximiert den Gegenwartswert des Gewinnstromes gegenüber der ihm verbleibenden Nachfrage. Gegenüber dieser Nachfrage kann sich jeder Anbieter wie ein Monopolist verhalten. Bei einer gegebenen Nachfragefunktion und konstanten Grenzkosten der Extraktion lässt sich ein open-loop-Nash-Cournot-Gleichgewicht relativ einfach ableiten. Dieser Ansatz lässt auch die Erklärung des Hotelling-Wettbewerbspfades als Ergebnis eines Nash-Cournot-Ansatzes unter bestimmten Bedingungen zu.

Die Ressourcenanbieterseite besteht aus n Ressourcenanbieter, von denen jeder zum Zeitpunkt t = 0 über eine Ressourcenanfangsausstattung in Höhe von S_0^i für

($i = 1,..., n$) verfügt. Es sei $S_0 = \sum_{i=1}^{n} S_0^i$ der Gesamtressourcenbestand. Bei gegebenen konstanten Grenzkosten der Extraktion in Höhe von c^i, entscheidet sich der Anbieterstaat i zum Zeitpunkt $t = 0$ unter der Annahme, dass die Extraktionspläne der anderen Produzenten und die Marktnachfrage $D(p_t)$ für alle Perioden fest vorgegeben sind, für seinen optimalen Extraktionsplan R_t^i.

Es seien $\sum_i R_t^i = R_t$ und $\sum_{j \neq i} R_t^j = R_t^{-i}$.

Der Extraktionsplan muss derart gewählt werden, dass der aus dem Ressourcenexport erzielte Barwert der laufenden Gewinnströme maximal wird. Das Maximierungsproblem lautet dann wie folgt:

$$\max_{R_t^i} \int_0^\infty \left[p(R_t) - c^i \right] \cdot R_t^i \cdot e^{-\delta^i \cdot t} dt \qquad (6.1)$$

unter den Nebenbedingungen:

$$\int_0^\infty R_t^i \leq S_0^i \qquad (6.1a)$$

$$R_t^i \geq 0 \qquad (6.1b)$$

Als Hamiltonfunktion in laufenden Werten erhält man:

$$H_t^i = \left[p_t(R_t) - c^i \right] \cdot R_t^i - \lambda_t^i \cdot R_t^i \qquad (6.2)$$

Die für ein Optimum notwendigen Bedingungen lauten:

$$\left[p_t + p_t' \cdot R_t^i \right] - c^i - \lambda_0^i \cdot e^{\delta^i \cdot t} \leq 0 \qquad R_t^i \geq 0 \qquad (6.3)$$

Der Term $\left[p_t + p_t'(R_t) \cdot R_t^i \right]$ ist der Grenzerlös MR, den der Anbieter i durch den Export einer zusätzlichen Einheit der Ressource erzielt. Aus den notwendigen Bedingungen erhält man unmittelbar:

$$MR^i \leq \lambda_0^i \cdot e^{\delta^i \cdot t} + c^i \qquad (6.4)$$

Entsprechend der Gleichung (6.4) exportiert ein Staat nur dann eine Ressourceneinheit, wenn der Grenzerlös gerade dessen Schattenpreis zuzüglich der Extraktionskosten abdeckt, d.h. $MR^i = \lambda_0^i \cdot e^{\delta^i \cdot t} + c^i$.

Die explizite Lösung eines *n*-Spieler-Oligopols ist nur mittels numerischer Methoden möglich. Dennoch lässt sich eine Reihe qualitativer Aussagen für den oligopolistischen Ressourcenmarkt machen. Zunächst soll aber noch gezeigt werden, dass diese Formulierung eines Ressourcenmarktes auch zur Modellierung eines Marktes mit vollkommenen Wettbewerb benutzt werden kann.

Erweitert man den Grenzerlös mit $\frac{R_t p_t}{R_t p_t}$, erhält man den Ausdruck $p_t \cdot \left[1 - \frac{s^i}{|\eta|}\right]$.

Mit $\eta = \frac{dR_t}{dp_t} \cdot \frac{P_t}{R_t}$ als Preiselastizität der Marktnachfrage und $s^i = \frac{R_t^i}{R_t}$ als den Marktanteil, den der Anbieter *i* zum Zeitpunkt *t* einnimmt.

Lässt man den Marktanteil aller beteiligten Ressourcenanbieter gegen null streben, dann ergibt sich ein Nash-Cournot-Preispfad, der sich dem vollkommenen Wettbewerbspfad entsprechend der Hotelling-Regel angleicht.

Im Sonderfall identischer Grenzkosten der Extraktion und übereinstimmender Zeitpräferenzraten $\left(c^i = c;\ \delta^i = \delta\right)$ erhält man als innere Lösung aus Gleichung (6.4):

$$MR = p_t \cdot \left[1 - \frac{s^i}{|\eta|}\right] = c + \lambda_0^i \cdot e^{\delta \cdot t} \tag{6.5}$$

Wenn der Marktanteil s_i sämtlicher Anbieter gegen null tendiert, so nähert sich entprechend Gleichung (6.5) der Preispfad dem Gleichgewichtspreispfad $p_t = (p_0 - c) \cdot e^{\delta \cdot t} + c$ an. Der Preispfad nähert sich mit zunehmender Zahl an Anbieter dem Wettbewerbspreispfad, das Extraktionsprofil eines einzelnen Anbieters ist in den Modellvarianten jedoch unterschiedlich. Bei Preisnehmerverhalten bietet ein Anbieter eine eindeutig positive Menge an, während im oben beschriebenen Nash-Cournot-Gleichgewicht der einzelne Anbieter nur eine infinitesimal kleine Menge zu einem beliebigen Zeitpunkt anbietet.

Betrachtet man eine **isoelastische Nachfragefunktion**, d.h. η = *const.*, dann ist der Preispfad p_t unabhängig von der Marktstruktur, der Schattenpreis als Differenz zwischen Marktpreis und Grenzkosten, steigt mit dem Zinssatz. Im einfachsten Fall identischer Anbieter und ohne Extraktionskosten wird (6.5) zu:

$$p_t \cdot \left(1 - \frac{1/N}{|\eta|}\right) = \lambda_0 \cdot e^{\delta \cdot t}.$$

Logarithmisches Differenzieren nach der Zeit liefert:

$$\hat{p} + d\frac{\left(1 - \frac{1/N}{|\eta|}\right)}{dt} \cdot \frac{1}{\left(1 - \frac{1/N}{|\eta|}\right)} = \delta \tag{6.6}$$

da $$\frac{d\left(1 - \frac{1/N}{|\eta|}\right)}{dt} \cdot \frac{1}{\left(1 - \frac{1/N}{|\eta|}\right)} = 0$$

folgt somit unmittelbar aus der Gleichung (6.6) wieder die bekannte Hotelling-Regel: $\hat{p} = r$.

Qualitative und quantitative Aussagen

Im folgenden Teil soll das Angebotsverhalten in einem Olipopol näher untersucht werden. Dazu sollen nicht-identische Anbieterstaaten betrachtet werden. Bei symmetrischen Anbieterstaaten lässt sich der oben verfolgte Ansatz entsprechend benutzen, so dass sich im Duopolfall die klassische Cournot'sche Zweidrittellösung ergibt.

Allgemein lassen sich drei Unterscheidungskriterien feststellen, die im Folgenden separat näher analysiert werden:

(i) Unterschiedliche Ressourcenanfangsausstattungen

(ii) Unterschiedliche Extraktionskosten

(iii) Unterschiedliche Zeitpräferenzraten

Weiterhin wird unterstellt, dass keiner der obigen Faktoren für einen der Anbieter (oder einer Anbietergruppe) derart gewichtig ist, dass dieser einen dominierenden Einfluss ausüben kann; es wird weiterhin das Nash-Cournot Lösungskonzept angewandt.

(i) Unterschiedliche Ressourcenanfangsausstattungen

Es werden n oligopolistische Anbieter betrachtet, die über unterschiedlich hohe Anfangsausstattungen verfügen. Es gilt $S^1 \leq S^2 \leq S^3 \leq \cdots \leq S^n$ mit mindestens einer Ungleichheit. Die Extraktionskosten und Zeitpräferenzraten sind identisch. Angenommen, es gelte für die Ressourcenanfangsausstattungen der Anbieter i und j

$S_0^i > S_0^j$, dann ist $\int_0^T R_t^{i*}\,dt > \int_0^T R_t^{j*}\,dt$. Folglich muss in mindestens einem beliebigen Zeitpunkt t auch immer $R_t^{i*} > R_t^{j*}$ sein. Entsprechend (6.3) gilt in diesem Falle stets $\lambda_t^i < \lambda_t^j$, da die Schattenpreise im Zeitablauf immer mit der gleichen Rate ansteigen, können sie sich auch nicht schneiden. Ist aber $\lambda_t^i < \lambda_t^j$, dann muss folglich für alle t auch immer $R_t^{i*} > R_t^{j*}$ sein. Offensichtlich ist, dass wenn $R_t^{i*} = 0$ ist, auch $R_t^{j*} = 0$ sein muss. Da es nicht optimal ist, die Extraktionsphase zu unterbrechen und sie zu einem späteren Zeitpunkt wieder fortzuführen, muss der Anbieter mit der kleineren Ressourcenausstattung seine Reserven bereits erschöpft haben, bevor der größere Anbieter seine Reserven vollständig ausgebeutet hat. Somit gilt: Wenn $S_0^i > S_0^j$ ist, dann gilt auch immer $R_t^{i*} > R_t^{j*}$, für alle t mit $R_t^i > 0$. Der Anbieter mit den größeren Reserven produziert also zu jedem Zeitpunkt mehr als der Anbieter mit den geringeren Reserven. Wenn für alle t gilt, dass $R_t^i > R_t^j$ ist, dann muss für die Ressourcenanfangsausstattungen wie gesehen gelten: $S_0^i > S_0^j$. Anbieter mit einer geringen Ressourcenausstattung haben also einen höheren Anreiz, in Explorationstätigkeiten zu investieren, als Anbieter mit einer höheren Ressourcenausstattung, da diese den Nutzen einer zusätzlichen Ressourceneinheit geringer bewerten.

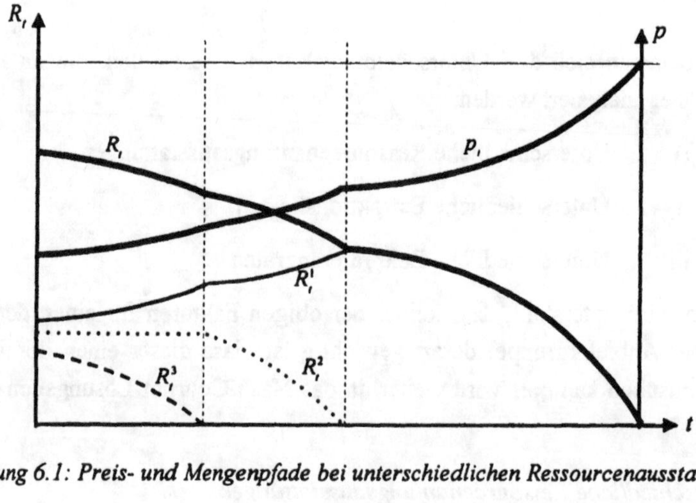

Abbildung 6.1: Preis- und Mengenpfade bei unterschiedlichen Ressourcenausstattungen

Es lässt sich ferner zeigen, dass mit größerem Ressourcenbestand das Produktions-Reserven-Verhältnis geringer wird, d.h. $R_t^{i*} / S_t^i < R_j^{j*} / S_t^j$ für $S_0^i > S_0^j$. Der Anbieter mit der größeren Ressourcenausstattung produziert zu jedem Zeitpunkt mehr als der Anbieter mit der kleineren Ressourcenausstattung. Dessen Produktions-Reserve-Verhältnis ist jedoch höher. Dies führt dazu, dass der Marktanteil desjenigen Anbieters mit der größeren Ressourcenanfangsausstattung im Laufe der Zeit zunimmt. Die Abbildung 6.1 zeigt ein numerisches Beispiel für ein Drei-Spieler-open-loop-Nash-Cournot-Oligopol. Die aggregierte Ressourcenanfangsausstattung entspricht 700 Einheiten. Die (inverse) Nachfragefunktion für die Oligopolisten ist gegeben durch: $p = 80 - 5R$ Einheiten pro Zeiteinheit. Die Extraktionskosten liegen für alle einheitlich bei 2 €/Mengeneinheit, die Diskontrate bei 6%. Die Anfangsressourcenausstattungen S_0^i sind wie folgt gegeben: S_0^1=500, S_0^2=150, S_0^3=50

Unterschiedliche Extraktionskosten

Es sei $c^1 \leq c^2 \leq c^3 \leq ... \leq c^n$ mit mindestens einer Ungleichheit. Die Ressourcenanfangsausstattungen und Zeitpräferenzraten seien für alle Anbieter identisch. Sowohl im Monopolfall als auch im vollkommenen Wettbewerb kann keine gleichzeitige Produktion durch Produzenten mit unterschiedlichen Kosten stattfinden, die Produktion ist also effizient. Effiziente Produktion bedeutet, dass der Gegenwartswert der Extraktionskosten bei gegebenem Produktionspfad aller Ressourcenanbieter minimal sein muss. Im Ressourcenoligopol findet hingegen die gleichzeitige Produktion von Anbietern mit unterschiedlichen Extraktionskosten statt. Die Produktion ist also nicht effizient.

Die Richtigkeit dieser Behauptung lässt sich durch einen Widerspruch zeigen. Angenommen, die Oligopolisten produzierten effizient, dann dürfte keine gleichzeitige Produktion stattfinden. Es produzieren die Anbieter mit den Kosten c^1 in der Phase $[0,t_1]$, die Anbieter mit Kosten von c^2 in der Phase $[t_1,t_2]$. Es wird allein aus Veranschaulichungsgründen eine lineare Nachfragefunktion $p_t = \overline{p} - R_t$ angenommen, so dass aus Gleichung (6.3) für $R_t^1 > 0$ gilt: $\overline{p} - 2R_t^1 - c^1 = \lambda_0^1 \cdot e^{\delta \cdot t}$. Da alle Größen mit Ausnahme von t und R_t^i Konstanten sind, muss $R_t^i \to 0$ für $t \to t_1$ sein. Für den Preis gilt dann $p_{t_1} = \overline{p}$. In t_1 beginnen die Anbieter mit Kosten von c^2 zu produzieren. Da deren Angebotsmenge eindeutig positiv ist, gilt für den Marktpreis kurz nach t_1, dass er eindeutig niedriger ist als $\overline{p}$. Der Preispfad p_t müsste in den Übergangszeitpunkten t_i notwendigerweise immer sprunghaft nach unten gehen. Dies ist aber wegen der Bedingung der Stetigkeit des Preispfades im Gleichgewicht unmöglich. Folglich darf R_t an den Stellen t_i keine Sprünge aufweisen. Dies ginge aber nur, wenn der Angebotspfad R_t^i Sprünge aufwiese. Dies steht jedoch im Widerspruch zur Aussage in Gleichung (6.3).

Betrachtet man ein Duopol, dann ist nach Gleichung (6.3) die Bedingung, dass beide gleichzeitig produzieren, gegeben durch:

$$p_t + p_t' R_t^1 = c^1 + \lambda_0^1 \cdot e^{\delta \cdot t}$$
$$p_t + p_t' R_t^2 = c^2 + \lambda_0^2 \cdot e^{\delta \cdot t}$$

In einem beliebigen Zeitpunkt t_1 sei $R^1 = R^2$, dann gilt $c^1 + \lambda_0^1 \cdot e^{\delta \cdot t_1} = c^2 + \lambda_0^2 \cdot e^{\delta \cdot t_1}$. Für $c^1 < c^2$ gilt dann $\lambda_0^1 > \lambda_0^2$. Somit gilt:

$$\text{für} \quad \begin{cases} t < t_1 \Rightarrow c^1 + \lambda_0^1 \cdot e^{\delta \cdot t} < c^2 + \lambda_0^2 \cdot e^{rt} \Rightarrow R_t^1 > R_t^2 \\ t > t_1 \Rightarrow c^1 + \lambda_0^1 \cdot e^{\delta \cdot t} > c^2 + \lambda_0^2 \cdot e^{rt} \Rightarrow R_t^1 < R_t^2 \end{cases}$$

Derjenige Anbieter, der die geringeren Extraktionskosten hat, produziert in einer ersten Phase mehr als der Anbieter mit den höheren Extraktionskosten. Nachdem beide die gleiche Menge angeboten haben, produziert der Anbieter mit den geringeren Extraktionskosten immer weniger als derjenige mit den höheren Extraktionskosten. In der Abbildung 6.2 wird die Auswirkung unterschiedlicher Extraktionskosten auf die Preis- und Mengenpfade zwar bestätigt, doch zeigt sich zudem noch, dass in einem Drei-Spieler-Oligopol der Extraktionspfad eines Spielers nicht notwendigerweise während der gesamten Planungsperiode abnehmen muss. Die Ressourcenausstattung aller Spieler liegt bei 233 Einheiten. Die Diskontrate beträgt 10% und die Extraktionskosten je Einheit betragen: c^1=2 €, c^2=5 €, c^3=10 €

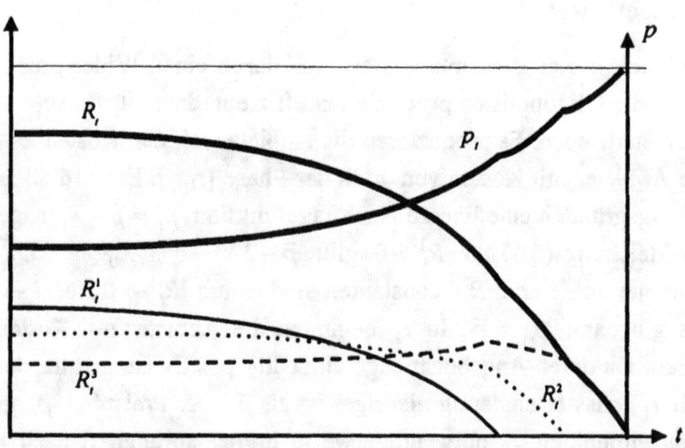

Abbildung 6.2: Preis- und Mengenpfade bei unterschiedlichen Extraktionskosten

Unterschiedliche Zeitpräferenzraten

Es sei $\delta^1 \leq \delta^2 \leq \delta^3 \leq ... \leq \delta^n$. Die Extraktionskosten und Ressourcenanfangsausstattungen seien identisch.

Es ist offenkundig, dass der Anbieter mit der höheren Diskontierung seine Ressourcen eher erschöpft haben wird, als der Anbieter, der den zukünftigen Nutzen höher bewertet. Dies lässt sich am Beispiel zweier Anbieter einfach zeigen. Die Extraktionskosten seien aus Gründen der Vereinfachung $c^1 = c^2 = 0$. Gegeben sei der Zeitpunkt $\tilde{t}$ mit $R^1_{\tilde{t}} = R^2_{\tilde{t}}$, dann ist $\lambda^1_0 \cdot e^{\delta^1 \cdot \tilde{t}} = \lambda^2_0 \cdot e^{\delta^2 \cdot \tilde{t}}$. Aus $\delta^1 < \delta^2$ folgt $\lambda^1_0 > \lambda^2_0$. Aufgrund der Monotonie und Stetigkeit der Schattenpreispfade ist $\lambda^2_t > \lambda^1_t$, für alle $t > \tilde{t}$. Ebenso ist dann auch $R^1_t > R^2_t$ für alle $t > \tilde{t}$. Das bedeutet, dass der Anbieter mit der niedrigeren Diskontrate solange extrahiert, wie der Anbieter mit der höheren Diskontrate noch im Markt ist. Auch ein gleichzeitiges Ausbeutungsende $\tilde{t} = T$ ist nicht möglich, denn dann müsste $\lambda^1_0 \cdot e^{\delta^1 \cdot T} = \lambda^2_0 \cdot e^{\delta^2 \cdot T}$ sein, und somit $R^1_T > R^2_T$. Dies widerspricht jedoch der Annahme identischer Austattungen. Die Wirkung der Diskontrate auf die Preis- und Mengenpfade zeigt die Abbildung 6.3. Die Ressourcenausstattung aller liegt bei 233 Mengeneinheiten, die Extraktionskosten in diesem numerischen Beispiel seien jetzt positiv und betragen 2 €/Einheit und die Diskontraten betragen: δ^1 =5%, δ^2 = 10%, δ^3 =15%

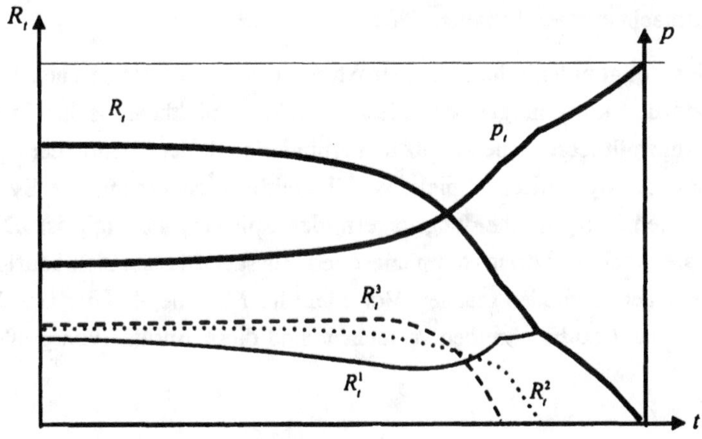

Abbildung 6.3: Preis- und Mengenpfade bei unterschiedlichen Diskontraten

Zusammenfassend ergeben sich folgende Aussagen über open-loop-Nash-Cournot-Gleichgewichtspfade:

- Die Produktion ist nicht effizient, da Anbieter mit unterschiedlichen Kosten gleichzeitig produzieren.

- Die Anbieter mit der größeren Ressourcenanfangsausstattung produzieren zu jedem Zeitpunkt mehr als die Anbieter mit kleinerer Ressourcenanfangsausstattung und erschöpfen ihre Reserven später.

- Bei mehr als zwei Spielern verlaufen die individuellen Extraktionspfade aber nicht mehr notwendigerweise monoton, wie dies den Preispfaden in den Abbildungen 6.1 bis 6.3 zu entnehmen ist.

In diesem und den vorherigen Kapitel wurden oligopolistische Marktformen auf Ressourcenmärkten näher betrachtet. So muß ein Ressourcenanbieter bei der optimalen Allokation seines Bestandes an einer erschöpfbaren natürlichen Ressource neben technischen Rahmenbedingungen, wie Bestandsgröße, Abbaukosten etc, auch die Angebots- und Preisstrategien der bei der Wahl seines optimalen Zeitpfades berücksichtigen.

Es sind folglich zwei Hauptfaktoren, die den Preis für eine Ressourceneinheit bestimmen, zu beachten:

1. Die optimale Allokation der Ressource über die Zeit

2. Marktmacht auf der Anbieterseite

Die Analyse oligopolistischer Marktstrukturen mit ihren strategischen Interdependenzen erfordert notwendigerweise die Anwendung spieltheoretischer Instrumentarien. Der kontrolltheoretische Ansatz in Verbindung mit der Theorie der Spiele führt zur Theorie der dynamische Spiele, wo die zeitliche Steuerung des Systems von zwei oder mehreren Entscheidungsträgern, den Spielern, abhängig ist. Dies macht eine formale Analyse extrem kompliziert und Aussagen lassen sich häufig nur mittels numerischer Methoden machen. Vor allem für Modelle, den das Geschehen auf dem Weltölmarkt zu beschreiben versuchen, sind diese Ansätze von großer Bedeutung.

Teil 3: Internationaler Ressourcenhandel

Kapitel 7: Die Ressourcen exportierende Volkswirtschaft

A. Einleitung

Aufgrund ihrer geographischen Gegebenheiten sind natürliche Rohstoffvorkommen sehr unterschiedlich über den Planeten Erde verteilt. Einige Staaten sind sehr rohstoffreich, während andere hingegen kaum über Rohstoffvorkommen verfügen. Aus diesem Grunde nehmen Rohstoffe einen großen Anteil am Welthandel ein.

Das vorliegende Kapitel beschäftigt sich mit der Suche nach einer optimalen Strategie einer Ressourcen exportierenden Volkswirtschaft, die über einen Bestand an einer erschöpfbaren natürlichen Ressource verfügt. Durch den Export der Ressource erlangt die Volkswirtschaft die notwendigen finanziellen Mittel, um entweder Konsumgüter oder Kapitalgüter importieren zu können. In Abschnitt B wird das Verhalten einer Ressourcen exportierenden Volkswirtschaft beschrieben, die den Exporterlös ausschließlich für den Import von Konsumgütern nutzt. In Abschnitt C wird dieser Ansatz um die Möglichkeit der Anlage der Exporterlöse in Form von Auslandsaktiva erweitert.

B. Ein einfaches Modell einer Ressourcen exportierenden Volkswirtschaft

Betrachtet wird nun eine Volkswirtschaft, die über einen Bestand an einer erschöpfbaren natürlichen Ressource verfügt. Sie kann diese Ressource nicht selbst nutzen, aber es besteht eine Exportnachfrage. Die Exporterlöse können ihrerseits zum Import von Konsumgütern genutzt werden. Heimische Kapitalbildung oder eine Umwandlung der Erlöse in ausländische Finanzaktiva finden nicht statt. Die Annahmen sind wie folgt:

- Die Volkswirtschaft erzielt ihren gesellschaftlichen Nutzen allein aus dem Barwert des Konsumstromes C_t, der sich aus den Exporterlösen erzielen lässt. Künftiger Nutzen wird mit dem Marktzinssatz r diskontiert.

$$U = U(C_t) \cdot e^{-rt} \tag{7.1}$$

- Die Nutzenfunktion erfüllt die üblichen Konkavitätsbedingungen, der Grenznutzen des Konsums ist positiv, aber abnehmend:

$$\frac{dU}{dC} = U'(C) > 0 \text{ und } \frac{d^2U}{dC^2} = U''(C) < 0.$$

- Der Preis für eine Konsumgütereinheit C_t ist exogen gegeben und für alle Perioden gleich. Er kann deshalb gleich eins gesetzt werden. Bezogen auf den Konsumgüterimport ist die Ressourcen exportierende Volkswirtschaft ein kleines Land, d.h. ihre Nachfrage lässt den Konsumgüterpreis unbeeinflusst.
- Der Ressourcenbestand zum Zeitpunkt $t = 0$ ist mit S_0 gegeben. Die Ressource kann kostenlos extrahiert werden.
- Kapitalverkehr findet nicht statt, somit ist die Zahlungsbilanzrestriktion identisch mit der Budgetrestriktion:

$$p_t \cdot R_t = C_t \tag{7.2}$$

- Die Nachfrage nach der Ressource ist eine Funktion des Ressourcenpreises:

$$R_t = f(p_t) \tag{7.3}$$

- Die Preiselastizität der Nachfrage ist definiert als:

$$\varepsilon_{Rp} \equiv \frac{dR_t}{dp_t} \cdot \frac{p_t}{R_t} < 0$$

- Der Ressourcenmarkt ist in jeder Periode geräumt:

$$S_0 \geq \int_0^{\infty} R_t \, dt = \int_0^{\infty} f(p_t) \, dt \tag{7.4}$$

Gleichung (7.4) besagt, dass der Preispfad der Ressource so gesetzt wird, dass sich Angebot und Nachfrage in allen Perioden gleichen. Damit ist dann auch der Anfangspreis p_0 bestimmt. Bezogen auf die erschöpfbare Ressource verhält sich die Ressourcen exportierende Volkswirtschaft wie ein Preisnehmer, allerdings beeinflusst ihre Exportmenge den gleichgewichtigen Ressourcenpreis, was aber nicht in das Optimierungskalkül des Ressourcenexporteurs eingeht.

Bei dem Maximierungsproblem der **Ressourcen exportierenden Volkswirtschaft** handelt es sich um eine Optimierungsproblem mit freiem Endzeitpunkt, d.h. der Endzeitpunkt T wird modellendogen bestimmt. Das Maximierungsproblem lautet:

$$\max_{C_t} U = \int_0^T U(C_t) \cdot e^{-rt} \, dt \tag{7.5}$$

unter den Nebenbedingungen:

$$\dot{S}_t = -R_t \tag{7.5a}$$

$$C_t = p_t \cdot R_t \tag{7.5b}$$

und den Nichtnegativitätsbedingungen $C_t, R_t \geq 0$ und S_0 gegeben.

Das Maximumprinzip erfordert die Maximierung der Hamiltonfunktion, die in laufenden Werten formuliert das folgende Aussehen hat:

$$H = U(C_t) - \lambda_t \cdot R_t \tag{7.6}$$

Die Nebenbedingung (7.5b) ist nun jedoch noch eine zusätzliche Pfadrestriktion, die zu jedem Zeitpunkt erfüllt sein muss. In diesem Falle erfolgt die Maximierung der Hamiltonfunktion somit zusätzlich unter der Nebenbedingung (7.5b), die zu jedem Zeitpunkt t erfüllt sein muss. Aus diesem Grund wird die Lagrangefunktion, die auch Allgemeine Hamiltonfunktion genannt wird, aufgestellt:

$$L = U(C_t) - \lambda_t \cdot R_t + \mu_t \cdot (p_t \cdot R_t - C_t) \tag{7.7}$$

Hierbei ist μ_t ein dynamischer, also zeitabhängiger, Lagrange-Multiplikator, der den Schattenpreis der Handelsbilanz angibt.

Es wird im folgenden unterstellt, dass während des gesamten Optimierungszeitraumes keine Phase ohne Konsum und damit auch ohne Ressourcenextraktion geben soll. Aus diesem Grunde werden die notwendigen Bedingungen auch nur für eine innere Lösung abgeleitet. Auf die Kuhn-Tucker Bedingung kann dann verzichtet werden. Aus den notwendigen Bedingungen erhält man:

$$\frac{\partial L}{\partial R_t} = -\lambda_t + \mu_t \cdot p_t = 0 \Rightarrow \lambda_t = \mu_t \cdot p_t \tag{7.8}$$

$$\frac{\partial L}{\partial C_t} = U'(C) - \mu_t = 0 \quad \Rightarrow U'(C) = \mu_t \tag{7.9}$$

$$-\frac{\partial L}{\partial S_t} + r\lambda_t = \dot{\lambda}_t \quad \Rightarrow \hat{\lambda}_t = r \tag{7.10}$$

$$\frac{\partial L}{\partial \mu_t} = p_t \cdot R_t - C_t = 0 \tag{7.11}$$

Gleichung (7.8) besagt, dass der Nutzen daraus, dass eine Ressourceneinheit im Boden belassen wird, dem Wert entsprechen muss, der aus dem heutigen Ressourcenverkauf resultiert, um damit Konsumgüter importieren zu können. Gleichung (7.9) besagt, dass der Grenznutzen aus dem Konsum einer importierten Einheit gleich dem Schattenpreis dieser Konsumeinheit sein muss. Gleichung (7.10) ist die bekannte **Hotelling-Regel**, demzufolge der Schattenpreis der Ressource, also den Wertzuwachs eine zusätzliche Einheit der Ressource im Boden zu belassen, mit dem Zins ansteigt. Gleichung (7.11) reproduziert die Bedingung des Budgetausgleiches.

Da hier über einen endlichen, aber noch zu bestimmenden Zeithorizont maximiert wird, müssen zusätzlich Transversalitätsbedingungen eingehalten werden. Transversalitätsbedingen geben an, welche Bedingungen das System am Ende des zu bestimmenden Zeithorizontes erfüllen muss. So muss die Hamiltonfunktion am Ende des Planungshorizontes den Wert null annehmen. Zu diesem Zeitpunkt darf durch aktuelle oder künftige Maßnahmen kein Nutzen erzielt werden:

$$H_T = U(C_T) - \lambda_T \cdot R_T = 0 \tag{7.12}$$

Es gilt ferner die zweite Transversalitätsbedingung:

$$\lambda_T \geq 0 \text{ und } \lambda_T \cdot S_T = 0 \tag{7.13}$$

Demnach muss entweder $\lambda_T = 0$ oder $S_T = 0$ sein. Nutzen kann dann nicht mehr erzielt werden, wenn der Ressourcenvorrat erschöpft ist $S_T = 0$, oder aber wertlos geworden ist $\lambda_T = 0$.

Logarithmisches Differenzieren der Gleichungen (7.8) und (7.9) liefert:

$$\hat{\lambda}_t = \hat{\mu}_t + \hat{p}_t \tag{7.14}$$

$$\widehat{U'(C_t)} = \hat{\mu}_t \tag{7.15}$$

Unter Berücksichtigung von Gleichung (7.10) folgt aus den Gleichungen (7.14) und (7.15) unmittelbar:

$$\hat{p}_t = r - \widehat{U'(C_t)} \tag{7.16}$$

Die Optimalitätsbedingung (7.16) beschreibt auf der linken Seite den Nutzen, den die Volkswirtschaft dadurch erhält, wenn eine Ressourceneinheit im Boden verbleibt, die rechte Seite hingegen beschreibt die Kosten des Wartens.

Erweitert man $\widehat{U'(C_t)} = \dfrac{U''(C_t) \cdot \dot{C}_t}{U'(C_t)}$ mit C_t, lässt sich (7.16) auch schreiben als:

$$\hat{p}_t = r + \eta \cdot \hat{C}_t \tag{7.17}$$

mit $\eta = -\dfrac{U''(C_t) \cdot C_t}{U'(C_t)}$ als der **Grenznutzenelastizität des Konsums.**

Aus der Konkavitätsannahme der Nutzenfunktion (7.1) folgt nach Gleichung (7.15), dass $\mu_t > 0$ ist. Folglich ist nach Gleichung (7.8) für $p_t > 0$ auch $\lambda_t > 0$ für alle $t \in [0, T]$. Somit ist die Transversalitätsbedingung (7.13) nur dann erfüllt, wenn $S_T = 0$ ist. Am Ende des Planungszeitraumes muss die Ressource also vollständig erschöpft sein. Der optimale Erschöpfungszeitpunkt lässt sich nun wie folgt ermitteln: Für $t = T$ erhält man aus den Gleichungen (7.8) und (7.9) unmittelbar:

$$\lambda_T = U'(C_T) \cdot p_T$$

Nach p_T aufgelöst und in Gleichung (7.11) eingesetzt, erhält man:

$$\lambda_T \cdot R_T = U'(C_T) \cdot C_T$$

Diesen Ausdruck in die Transversalitätsbedingung (7.12) eingesetzt, liefert:

$$\frac{U(C_T)}{C_T} = U'(C_T)$$

Das Ressourcenextraktionsprogramm endet genau dann, wenn der Grenznutzen $U'(C_T)$ dem Durchschnittsnutzen $\dfrac{U(C_T)}{C_T}$ entspricht.

Im Falle einer isoelastischen Nutzenfunktion verläuft die Durchschnittsnutzenfunktion immer oberhalb der Grenznutzenkurve. Es gibt folglich keine Lösung in endlicher Zeit. Eine isoelastische Nutzenfunktion läßt sich formal wie folgt beschreiben:

$$U(C_t) = \begin{cases} \dfrac{A}{1-\eta} \cdot C_t^{1-\eta} & \eta \neq 1 \\ A \cdot \ln C_t & \eta = 1 \end{cases}$$ mit A als eine beliebige Konstante

In Abbildung 7.1 ist dieser Zusammenhang für eine Nutzenelastizität von $\eta = 1$ dargestellt.

Selbst im Falle einer linearen Ressourcennachfragefunktion wird die natürliche Ressource nicht erschöpft. In diesem Falle wird also unterstellt, dass die letzte Ressourceneinheit noch unendlich oft teilbar ist und der Ressourcenpreis asymptotisch gegen den Prohibitivpreis $\overline{p}$ strebt.

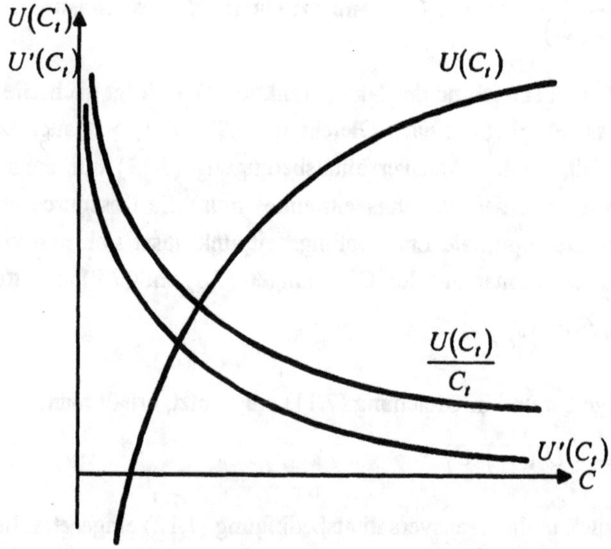

Abbildung 7.1: Durchschnitts- und Grenznutzen bei einer isoelastischen Nutzenfunktion

Aus der Gleichung (7.17) ergibt sich für $\eta > 0$ die Bedingung für den Wachstumspfad des Konsums, dass wenn:

$$\hat{p}_t \gtreqless r \Rightarrow \hat{C}_t \gtreqless 0 \tag{7.18}$$

Erweitert man der Definition für die Wachstumsrate der Ressourcenextraktion $\hat{R}_t = \frac{dR_t}{dt} \cdot \frac{1}{R_t}$ um $p_t \cdot dp_t$ so erhält man:

$$\hat{R}_t = \frac{dR_t}{dt} \cdot \frac{1}{R_t} \cdot \frac{p_t}{p_t} \cdot \frac{dp_t}{dp_t} = \varepsilon_{Rp} \cdot \hat{p}_t \tag{7.19}$$

Aus der Bedingung für eine ausgeglichene Handelsbilanz ergibt sich durch logarithmisches Differenzieren der Gleichung (7.5b):

$$\hat{R}_t + \hat{p}_t = \hat{C}_t \tag{7.20}$$

Aus den Gleichungen (7.17), (7.19) und (7.20) erhält man die Wachstumsrate des Preispfades:

$$\hat{p}_t = \frac{r}{\eta \cdot \left(-1 - \varepsilon_{Rp} + \frac{1}{\eta}\right)} \tag{7.21}$$

Da $r > 0$ und $\eta > 0$ sind, ist die Bedingung, dass der Preis im Zeitablauf ansteigt, dann erfüllt, wenn gilt, dass $\left(-1 - \varepsilon_{Rp} + \frac{1}{\eta}\right) > 0$ ist.

Somit ergibt sich die Wachstumsrate des Ressourcenpreises in Abhängigkeit der Preiselastizität der Ressourcennachfrage. Aus Gleichung (7.21) lassen sich unter Beachtung von Gleichung (7.18) bezüglich des Ressourcenpreispfades und der Konsumpfades folgende Aussagen machen:

$$|\varepsilon_{Rp}| = 1 \quad \Rightarrow \quad \eta \cdot \left(-1 - \varepsilon_{Rp} + \frac{1}{\eta}\right) = 1 \Rightarrow \quad \hat{p}_t = r \quad \Rightarrow \quad \hat{C}_t = 0$$

$$|\varepsilon_{Rp}| > 1 \quad \Rightarrow \quad \eta \cdot \left(-1 - \varepsilon_{Rp} + \frac{1}{\eta}\right) > 1 \Rightarrow \quad \hat{p}_t < r \quad \Rightarrow \quad \hat{C}_t < 0$$

$$|\varepsilon_{Rp}| < 1 \quad \Rightarrow \quad \eta \cdot \left(-1 - \varepsilon_{Rp} + \frac{1}{\eta}\right) < 1 \Rightarrow \quad \hat{p}_t > r \quad \Rightarrow \quad \hat{C}_t > 0$$

Bei einer unelastischen Ressourcennachfrage seitens des Auslandes steigt der Konsum und bei einer elastischen Ressourcennachfrage sinkt dieser im Zeitablauf. Nur bei einer Elastizität von eins bleibt der Konsum konstant, der Preispfad der Ressource steigt in diesem Falle mit der Diskontrate.

Bei einer linearen Ressourcennachfragefunktion ist die Preiselastizität der Nachfrage je nach Preis unterschiedlich. Deshalb strebt bei einer isoelastischen Nutzenfunktion des exportierenden Staates der Ressourcenpreis langfristig gegen den Prohibitivpreis $\overline{p}$, der Konsum hingegen, nachdem er ein Maximimum erreicht hat, strebt gegen null. Die entsprechenden Konsum- und Preispfade sind in Abbildung 7.2 dargestellt.

Da das Ressourcen exportierende Land als Konsumgutimporteur wie ein Preisnehmer agiert, entspricht im Optimum der Grenznutzen aus dem Konsum genau dem Preis des Konsumgutes p^c. Für die Grenznutzenelastizität gilt somit:

$$\frac{1}{\eta} = -\frac{U'(C_t)}{U''(C_t) \cdot C_t} = -\frac{p_t^c}{\frac{dp_t^c}{dC_t} \cdot C_t} = -\frac{dC_t}{dp_t^c} \cdot \frac{p_t^c}{C_t} \equiv -\varepsilon_{Cp^c} \tag{7.22}$$

Der Kehrwert der Grenznutzenelastizität entspricht folglich der Preiselastizität der Nachfrage nach dem importierten Konsumgut. Somit ergibt sich als Bedingung dafür, dass der Ausdruck $\left(-1-\varepsilon_{Rp}+\frac{1}{\eta}\right)>0$ sein muss:

$$\left|\varepsilon_{Rp}\right|+\left|\varepsilon_{Cp^c}\right|>1 \qquad (7.23)$$

Gleichung (7.23) ist die aus der Außenwirtschaftstheorie bekannte **Marshall-Lerner-Bedingung** für die Normalreaktion der Handelsbilanz. Ist Gleichung (7.23) erfüllt, so steigt der Ressourcenpreis im Zeitablauf an:

$$\left|\varepsilon_{Rp}\right|+\left|\varepsilon_{Cp^c}\right|>1 \quad \Rightarrow \quad \hat{p}_t>0 \qquad (7.24)$$

Der Ressourcenpreis steigt dann und nur dann, wenn die Marshall-Lerner-Bedingung erfüllt ist.

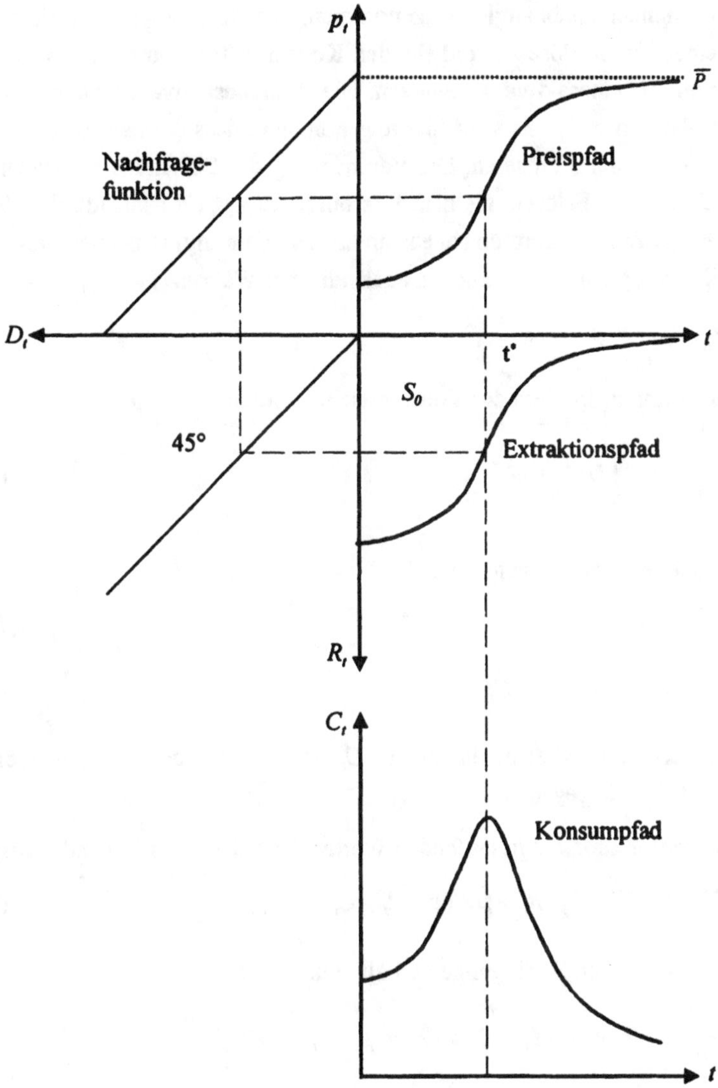

Abbildung 7.2: Preis-, Extraktions- und Konsumpfad bei linearer Nachfragefunktion

C. Ressourcenexport und Rezyklierung der Erlöse

In Abschnitt B wurden die Exporterlöse allein für den Import von Konsumgütern verwendet. Erweitert man das Modell von Abschnitt B um die Möglichkeit der **Rezyklierung von Ressourcenerlösen**, also die Möglichkeit, dass die Ressourcen exportierende Volkswirtschaft die Exporterlöse auch in **ausländische Finanzaktiva** anlegen kann, so sind die optimalen Pfade der Ressourcenextraktion und des Konsums voneinander unabhängig. Angenommen, das Ressourcen exportierende Land könne seine Exporterlöse sowohl für den Konsumgüterimport C_t als auch in den Erwerb von Auslandsaktiva V_t anlegen. Die Auslandsaktiva erlauben Zinseinkommen in Höhe von $r \cdot V_t$. Es wird hier angenommen, dass der heimische und ausländische Zinssatz identisch seien. Die Veränderung des Bestandes an Auslandsaktiva ergibt sich aus den Erlösen aus dem Ressourcenexport (in ausländischer Währung) zuzüglich den Zinsseinkünften (in ausländischer Währung) abzüglich den Ausgaben für den Konsumgüterimport (auch in ausländischer Währung):

$$\dot{V}_t = p_t \cdot R_t + r \cdot V_t - C_t$$

Das Maximierungsproblem der Volkswirtschaft lautet:

$$\max_{C_t} U = \int_0^T U(C_t) \cdot e^{-rt} \, dt \tag{7.25}$$

unter den Nebenbedingungen:

$$\dot{S}_t = -R_t \tag{7.25a}$$

$$\dot{V}_t = p_t \cdot R_t + r \cdot V_t - C_t \tag{7.25b}$$

und den Nichtnegativitätsbedingungen $C_t, R_t \geq 0$ und den Anfangsbedingungen $V_0 = 0$ und $S_0 > 0$ gegeben.

Die Hamiltonfunktion hat in laufenden Werten formuliert, das folgende Aussehen:

$$H = U(C_t) - \lambda_t \cdot R_t + \mu_t \cdot (p_t \cdot R_t - C_t + r \cdot V_t) \tag{7.26}$$

Aus den notwendigen Bedingungen erhält man:

$$\frac{\partial H}{\partial R_t} = -\lambda_t + \mu_t \cdot p_t = 0 \;\Rightarrow \lambda_t = \mu_t \cdot p_t \tag{7.27}$$

$$\frac{\partial H}{\partial C_t} = U'(C_t) - \mu_t = 0 \;\Rightarrow U'(C_t) = \mu_t \tag{7.28}$$

$$-\frac{\partial H}{\partial S_t} + r\lambda_t = \dot{\lambda}_t \qquad \Rightarrow \hat{\lambda}_t = r \tag{7.29}$$

$$-\frac{\partial H}{\partial V_t} + r\mu_t = \dot{\mu}_t \qquad \Rightarrow \dot{\mu}_t = 0 \tag{7.30}$$

Schreiben von Gleichung (7.27) in Wachstumsraten liefert:

$$\hat{\lambda}_t = \hat{\mu}_t + \hat{p}_t$$

Einsetzen von Gleichung (7.29) und (7.30) liefert die bekannte Hotelling-Regel:

$$\hat{p}_t = r \qquad (7.31)$$

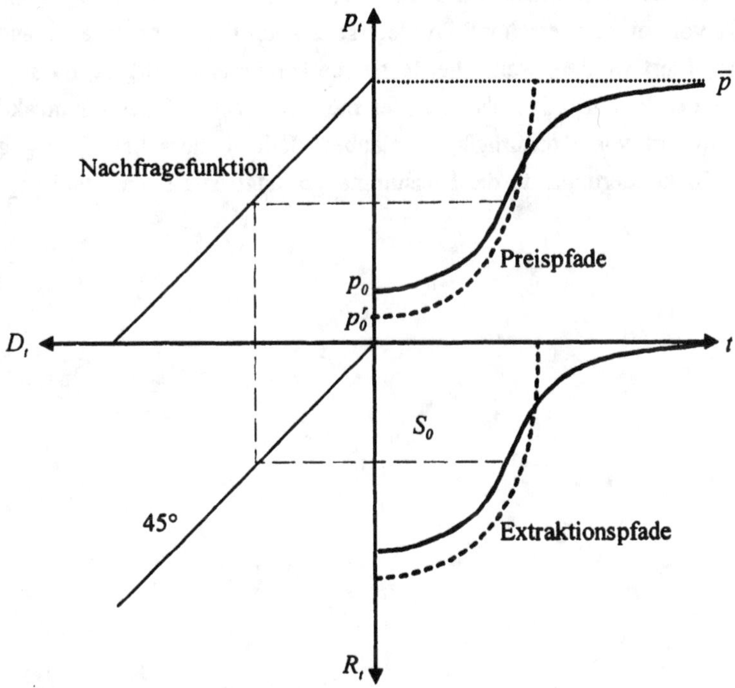

Abbildung 7.3: Vergleich der optimalen Pfade mit und ohne Erlösrezyklierung

Der Ressourcenpreis ist folglich vollkommen von der Konsumentscheidung unabhängig. Das Ergebnis entspricht dem bekannten **Fisher'schen Separations-Theorem**, demzufolge bei perfekten Kapitalmärkten Produktions-(Extraktions-) und Kosumentscheidungen vollkommen voneinander getrennt sind. Der Preispfad im Fall der Ressourcenerlösrezyklierung steigt allerdings schneller an, als der Ressourcenpreispfad ohne Rezyklierungsmöglichkeiten. Im Fall ohne Rezyklierungsmöglichkeiten steigt der Ressourcenpreis mit einer nicht-konstanten Rate, die im Laufe der Zeit aber immer geringer wird. Im Rezyklierungsfall steigt der Ressourcenpreis jedoch immer mit der konstante Rate r, so dass bei einem gleich großen Ressourcenanfangsbestand und gleicher Nachfragefunktion der Preispfad im Rezyklierungsfall den Preispfad ohne Rezyklierung von unten kommend schneiden muss. Damit muss auch der Anfangspreis im Rezyklierungsfall p_0^r niedriger angesetzt werden als der Anfangspreis ohne Rezyklierung p_0. In Abbildung 7.3 sind die entsprechenden Pfade graphisch dargestellt.

Somit eröffnet die Möglichkeit der Anlage in ausländische Finanzaktiva einen Anreiz, anfangs einen größeren Teil des Ressourcenvorrates zu exportieren. Im Verlauf wird die Exportmenge allerdings stärker reduziert und sie wird zu einem finiten Zeitpunkt vollkommen erschöpft. Andererseits kann der Konsum aber auch dann noch fortgeführt werden, wenn die Ressource bereits erschöpft ist, da sowohl die Zinserlöse der Finanzaktiva als auch der mögliche Verkauf der Finanzaktiva den weiteren Import von Konsumgütern erlauben. Jedoch muss bei einer gegebenen positiven Diskontierungsrate die Konsummenge langfristig sinken und gegen Null streben.

Kapitel 8: Strategischer internationaler Ressourcenhandel

A. Einleitung

Im fünften und sechsten Kapitel wurden die strategischen Interdependenzen innerhalb der Anbieterseite betrachtet, während das Verhalten der Nachfrager als gegeben angesehen wurde. Jedoch verfügen nicht nur die Anbieter, sondern auch die Ressourcenverbraucher beziehungsweise die Importeure über Marktmacht. Die einfachste Konstellation, in der sowohl die Anbieter als auch die Importeure über Marktmacht verfügen, lässt sich durch ein bilaterales Monopol beschreiben: Einem monopolistischen Anbieter steht ein einziger, also monopsonistischer Nachfrager gegenüber. Schon bei der Betrachtung eines bilateralen Monopols zeigt sich, dass bei strategischen Interdependenzen zwischen dem Anbieter und dem Nachfrager eine Vielzahl von Ergebnissen eintreten kann. Eine Aktion auf der Anbieter- oder Nachfrageseite wird eine Reaktion auf der jeweils anderen Marktseite zur Folge haben.

Nachdem das strategische Verhalten der ressourcenexportierenden Staaten eingehend untersucht worden ist, sollen in diesem Abschnitt die Strategien der ressourcenimportierenden Staaten näher untersucht werden. Abschnitt B beschäftigt sich mit den Wirkungen von Importsteuern auf den Weltmarktpreis und die Nachfragemengen, wenn strategisch agierenden Importeuren Anbieter mit Preisnehmerverhalten gegenüberstehen.

Der Abschnitt C beschreibt mögliche Strategien auf dem Weltressourcenmarkt, wenn die Akteure auf beiden Marktseiten den Gegenwartswert des Nutzens, den sie aus der Ressource erzielen, maximieren wollen. Dieser Abschnitt wird mit dem „Kampf um die ökonomische Rente" überschrieben, da zur Knappheitsrente noch die aus Wettbewerbsbeschränkungen resultierende Rente hinzukommt.

B. Optimale Importsteuern

Im Allgemeinen werden zwei Gründe angeführt, die zu einer Erhebung von Steuern führen. Der erste Grund ist rein fiskalischer Natur, ein Staat benötigt Einnahmen, um seine Ausgaben, die er für die Bereitstellung öffentlicher Güter tätigt, zu finanzieren. Dem zweiten Grund liegt das Pigou-Verständnis zugrunde, demzufolge Steuern notwendig sind, um externe Effekte zu internalisieren und somit eine effiziente Allokation zu gewährleisten. Wird eine Steuer auf eine begrenzte natürliche Ressource wie dem Erdöl erhoben, so gibt es noch einen dritten Grund: Der Verkaufspreis einer Ressourceneinheit ergibt sich (im vollkommenen Wettbewerb) aus den Extraktionskosten zuzüglich der Knappheitsrente. Eine Steuer auf den Import einer zu Wettbewerbspreisen angebotenen erschöpfbaren Ressource kann eine **Umverteilung der Knappheitsrente** zugunsten der Verbraucherstaaten bewirken. Um die Modellierung zumindest teilweise noch handhaben zu können, wird im Folgenden unterstellt, dass die Importeure über keine heimische Ressourcenausstattung verfügen. Die Begriffe Importsteuer und Verbrauchsteuer lassen sich dann auch synonym verwenden. Nachfolgend werden das Verhalten eines „kleinen" Importeurs und das Verhalten auf monopsonistischen und oligopsonistischen Importmärkten diskutiert.

a) Das Verhalten eines „kleinen" Importeurs

In diesem Abschnitt wird das Optimierungskalkül eines „kleinen" Importeurs diskutiert, dessen Importpolitik den Weltmarktpreis und die Höhe der Produktion nicht beeinflussen kann. Ein solcher Importeur nimmt den Angebotspreis und das Marktangebot als gegeben. Die Wohlfahrt eines kleinen Landes, bezogen auf den Import einer begrenzten natürlichen Ressource, ergibt sich aus dem Nutzen $U(R_t)$, den die Konsumenten des kleinen Landes aus dem Konsum der Ressource erzielen, abzüglich des Konsumentenpreises. Letzterer ist der Preis, den die Konsumenten im Inland zu zahlen haben, nachdem der Staat eine Steuer auf die Ressource erhoben hat. Im Fall einer **Mengensteuer** beträgt der Konsumentenpreis für eine Ressourceneinheit $p_t + \tau_t$. Bei der Erhebung einer **Wertsteuer** beträgt er $p_t \cdot (1+\theta_t)$. Zusätzlich erhöht sich die Wohlfahrt des kleinen Landes durch die Steuereinnahmen $\tau_t \cdot R_t$ bzw. $p_t \cdot \theta_t \cdot R_t$. Die additive Nutzenfunktion hat also die Form:

$$W = \int_0^\infty \left[U(R_t) - (p_t + \tau_t) \cdot R_t + \tau_t \cdot R_t\right] \cdot e^{-r \cdot t}\, dt$$

bzw.

$$W = \int_0^\infty \left[U(R_t) - p_t \cdot (1+\theta_t) \cdot R_t + p_t \cdot \theta_t \cdot R_t\right] \cdot e^{-r \cdot t}\, dt$$

Das Maximierungsproblem des kleinen Landes lässt sich in beiden Fällen vereinfachen zu:

$$\max\ W = \int_0^\infty \left(U(R_t) - p_t \cdot R_t\right) \cdot e^{-r \cdot t}\, dt \tag{8.1a}$$

unter der Nebenbedingung, dass der Preispfad aus Sicht: der Importeure gegeben ist:

$$\dot{p}_t = p_t \cdot r \tag{8.1b}$$

Die Hamiltionfunktion, in laufenden Werten ausgedrückt, lautet:

$$H = U(R_t) - p_t \cdot R_t + \lambda_t \cdot r \cdot p_t \tag{8.2}$$

Als notwendige Bedingungen erhält man:

$$\frac{\partial H}{\partial R_t} = U'(R_t) - p_t = 0 \tag{8.3}$$

$$-\frac{\partial H}{\partial p_t} + \lambda_t \cdot r = \dot{\lambda}_t \qquad \Rightarrow R_t = \dot{\lambda}_t \tag{8.4}$$

Stehen die Konsumenten des kleinen Landes in vollkommener Konkurrenz zueinander, dann muss der Grenznutzen aus der Ressource genau dem Verkaufspreis im Inland entsprechen, es gilt:

$$U'(R_t) = p_t + \tau_t \tag{8.5a}$$

$$U'(R_t) = p_t \cdot (1 + \theta_t) \tag{8.5b}$$

Gleichung (8.5a) bzw. (8.5b) eingesetzt in Gleichung (8.3) liefert unmittelbar $\tau_t = 0$ bzw. $\theta_t = 0$. Für ein kleines Land ist es folglich nicht optimal, den Import einer erschöpfbaren natürlichen Ressource zu besteuern, wenn der Konsumentennutzen maximal sein soll.

b) Der Ressourcenmonopsonist

Den einfachsten Fall einer Marktunvollkommenheit auf der Nachfrageseite bildet ein Monopson, entweder in Form eines einzigen Ressourcenimporteurs oder einer Gruppe von ressourcenimportierenden Staaten, die sich zu einem den gemeinsamen Nutzen maximierenden Nachfragekartell zusammengeschlossen haben. Es liegt die Vermutung nahe, dass der Monopsonist in der Lage ist, sich die Anbieterrente vollständig anzueignen, da die Anbieter vor der Wahl stehen, die Ressource entweder für alle nutzlos im Boden zu belassen oder sie zum „Nullpreis" an den Monopsonisten zu verkaufen. Die ressourcenbesitzenden Staaten werden gleichsam durch den Monopsonisten enteignet. Dies gilt für den Fall konstanter Grenzkosten der Extraktion unabhängig davon, ob der Monopsonist eine Wert- oder Mengensteuer als seine strategische Variable wählt. Sind die Extraktionskosten aber bestandsabhängig, so verbleibt der aktuelle Ressourcenbestand im Besitz der Exporteure. Der Monopsonist ist nicht in der Lage, sich die Anbieterrente vollständig anzueignen. Das Maximierungsproblem eines Monopsonisten ist gegeben durch:

$$\max_{R_t} \int_0^\infty \left[U(R_t) - p_t \cdot R_t\right] \cdot e^{-r \cdot t}\, dt \qquad (8.6a)$$

unter den Nebenbedingungen:

$$\dot{S}_t = -R_t \qquad (8.6b)$$

$$\dot{p}_t = r \cdot p_t \qquad (8.6c)$$

Die Gleichungen (8.6b) und (8.6c) beschreiben die zeitliche Entwicklung des Ressourcenbestandes und des Preises. Der Preis ist hier eine sogenannte „Sprungzustandsvariable“, deren Zustand in einem beliebigen Zeitpunkt durch zukünftige und mögliche gegenwärtige Ereignisse bestimmt wird. Die Anfangsbedingung dieser Art von Zustandsvariablen (hier also $p(t=0) = p_0$) wird endogen im Modell bestimmt. Der Ressourcenpreis, den die Anbieter erhalten, ist eine derartige Zustandsvariable, da der laufende Preis von der erwarteten Höhe der Importsteuer abhängt.

Mit μ_t als Kozustandsvariable für den Ressourcenbestand und λ_t als der zum Preis gehörenden Kozustandsvariable ergibt sich die Hamiltonfunktion für den Ressourcenmonopsonisten in laufenden Werten:

$$H = U(R_t) - p_t \cdot R_t - \mu_t \cdot R_t + \lambda_t \cdot r \cdot p_t \qquad (8.7)$$

Als notwendige Bedingungen erhält man:

$$\frac{\partial H}{\partial R_t} = U'(R_t) - p_t - \mu_t = 0 \qquad (8.8)$$

$$-\frac{\partial H}{\partial p_t} + \lambda_t \cdot r = \dot{\lambda}_t \qquad \Rightarrow R_t = \dot{\lambda}_t \qquad (8.9)$$

$$-\frac{\partial H}{\partial S_t} + \mu_t \cdot r = \dot{\mu}_t \qquad \Rightarrow \mu_t = \mu_0 \cdot e^{rt} \qquad (8.10)$$

Stehen die Konsumenten des ressourcenimportierenden Landes zueinander in vollkommener Konkurrenz, dann muss der Grenznutzen der Ressource genau dem Verkaufspreis im Inland entsprechen, d.h. es gilt: $U'(R_t) = \tilde{p}_t$.

Damit erhält man mittels Gleichung (8.10) aus Gleichung (8.8):

$$\tilde{p}_t - p_t = \mu_t = \mu_0 \cdot e^{rt} \qquad (8.8')$$

Dabei gibt μ_0 den anfänglichen Steuersatz an. Die Kozustandsvariable des Ressourcenbestandes μ_t entspricht im herkömmlichen Kalkül dem Gewinn des Anbieters aus einer Ressourceneinheit. Diesen aber gilt es aus Sicht des Monopsonisten abzuschöpfen. Wählt der Ressourcenmonopsonist einen Mengensteuersatz τ_t, d.h. $\widetilde{p}_t = p_t + \tau_t$, dann muss dieser nach (8.8') zu jedem Zeitpunkt genau dem Wert des Ressourcenschattenpreises μ_t entsprechen. Entscheidet der Ressourcenmonopsonist sich jedoch für einen Wertsteuersatz θ_t, der auf den Anbieterpreis p_t erhoben wird, d.h. der Verbrauchspreis beträgt für die Konsumenten des importierenden Landes je Ressourceneinheit zum Zeitpunkt t $\widetilde{p}_t = p_t \cdot (1+\theta_t)$, dann muss dieser so gesetzt werden, dass gilt:

$$\frac{\widetilde{p}_t}{1+\theta_t} \cdot \theta_t = p_t \cdot \theta_t = \mu_t \tag{8.11}$$

Der Monopsonist kann die im vollkommenen Wettbewerb stehenden Ressourcenanbieter somit enteignen, wobei der Monopsonist sich wie ein Wettbewerbsanbieter verhalten muss. Er folgt nicht einem Monopolpreispfad. Sind die Extraktionskosten bestandsabhängig, so verhält sich der Monopsonist jedoch ressourcenschonender.

Existieren neben einem dominanten Importeur noch weitere Importeure, die sich wie Mengenanpasser verhalten, dann ist es für diese, wie oben gesehen, optimal, keinerlei Importsteuern zu erheben. Die Bewegungsgleichung für den Ressourcenbestand (8.6b) wird zu $\dot{S}_t = -R_t - q_t$, wobei q_t die restliche Nachfrage, die von den übrigen Importeuren nachgefragt wird, symbolisiert. Die Hamiltonfunktion des dominanten Importeurs hat in laufenden Werten die Form

$$H = U(R_t) - p_t \cdot R_t - \mu_t' \cdot (R_t + q_t) + \lambda_t \cdot r \cdot p_t \tag{8.7'}$$

Als optimalen Steuersatz erhält man analog wie beim Monopsonisten $\tau_t = \mu'_0 \cdot e^{rt}$. Im Gegensatz zum Monopsonisten enteignet der dominante Importeur die Ressourcenanbieter nicht, da $\mu'_0 < \mu_0 = p_0$ gilt. Dem dominanten Importeur gelingt es aber, den Anbieterpreis zu senken, sodass eine Rentenumverteilung zugunsten aller Importstaaten erreicht wird. Da die Nachfrage im Land des dominanten Importeurs null wird, wenn der Inlandspreis den Prohibitivpreis erreicht, die Ressource aber noch auf dem Markt gehandelt wird, kann der dominante Importeur seinen gesamtgesellschaftlichen Nutzen erhöhen, wenn er von seinem optimalen Steuerpfad abweicht und den Steuersatz senkt. Der oben abgeleitete open-loop Steuersatz ist folglich zeitinkonsistent.

Drei Bedingungen sind notwendig (aber nicht hinreichend) dafür, dass ein open-loop Gleichgewicht zeitinkonsistent ist:

i) Die Zukunft beeinflusst die Gegenwart

ii) Ein einziger Spieler verfügt über Marktmacht

iii) Der Spieler mit Marktmacht kann keinerlei bindende Selbstverpflichtungen bezüglich künftiger Handlungen eingehen

c) Das Ressourcenoligopson

Im Modell des Ressourcenmonopsonisten ist eine Verbrauchssteuer bei konstanten Förderkosten vollständig auf die Anbieterstaaten überwälzbar. Es stellt sich dann unmittelbar die Frage, ob dies auch für nicht-kooperierende Oligopsonisten gilt.

Die open-loop Importsteuer

Die einfachste Form der Ableitung einer Importsteuer erfolgt über die open-loop Importsteuer. Ein (repräsentativer) Importeur maximiert seine Wohlfahrt aus dem Nutzen, den die Konsumenten aus der Ressource abzüglich des Preises erzielen, den sie für die Ressource zu zahlen haben. Beachten muss er, dass bei vollkommenem Wettbewerb auf der Anbieterseite der Preis über Grenzkosten mit dem Zinssatz im Zeitablauf ansteigt sowie die Ressourcenbestandsrestriktion. Auch hier muss die optimale Importsteuer im Zeitablauf mit dem Zinssatz steigen. Jedoch ist dieser Steuersatz zeitinkonsistent, da zu einem Zeitpunkt T der Inlandspreis den Prohibitivpreis $\overline{p}_t$ erreicht wird und die nachgefragte Menge somit null wird. Würde der Staat seinen Steuersatz in T senken, könnte wieder importiert werden, und der Nutzen aus dem Konsum der Ressource wäre positiv.

Die open-loop Nash-Importsteuer

Eine zeitkonsistente, wenn auch nicht perfekte Importsteuer ergibt sich, wenn die Importeure eine open-loop Nash-Importsteuer wählen. Zwar ist auch hier der Steuersatz nur von der Zeit abhängig $\tau = \tau(t)$, aber der einzelne Importeur wählt seinen optimalen Steuersatz bei gegebenen Steuersätzen der anderen Importeure und gegebener Angebotsmenge der Anbieterstaaten. Wählen alle Importeure eine derartige open-loop Nash-Steuerstrategie, so ist die open-loop Nash-Steuer zeitkonsistent, da der optimale Steuersatz für jeden Zeitpunkt bestimmt wird, und zwar ohne Auswirkungen auf das Angebot und die Nachfrage zu anderen Zeitpunkten zu haben. Da der optimale Importsteuersatz den Wert null annehmen muss, wenn der Inlandspreis den Prohibitivpreis erreicht, muss der optimale Steuersatz im Zeitablauf geringer werden, bis er schließlich null wird. Dieser open-loop Nash-Steuerpfad verläuft also entgegengesetzt zu dem Pfad des open-loop Steuersatzes, der mit der Zeit ansteigt. Dies lässt sich wie folgt zeigen:

Die Importstaaten agieren als nicht-kooperative Nash-Spieler, die sich Wettbewerbsanbietern gegenübersehen. Der Preispfad der Ressource folgt im Wettbewerbsfall der Hotelling-Regel, derzufolge der Preis sich mit $\frac{d(p_t - c)}{dt} = \dot{p}_t = r \cdot (p_t - c)$ im Zeitablauf ändert, wenn die Anbieter über identische konstante Grenzkosten der Extraktion verfügen. Der Preis wird von dem einzelnen Anbieter als gegeben angenommen, da er nicht durch seine Politik beeinflusst werden kann.

Betrachten nun die Importeure die aggregierte Angebotsmenge der Produzenten zu jedem Zeitpunkt als gegeben, d.h. die Steuer hat keinerlei Einfluss auf die aktuelle und künftige Angebotsmenge, so ist die Bestimmung des optimalen (Mengen-) Steuersatzes in jeder Periode ein einfaches statisches Optimierungsproblem. Der optimale Steuersatz eines Importeurs wird bei gegebenem Steuersatz der anderen Importeure und bei gegebener Angebotsmenge der Produzenten bestimmt. Hierzu wird die indirekte Nutzenfunktion der Konsumenten des i-ten Importeurs $V^i\left(p_t + \tau_t^i\right)$ verwendet, wobei p_t den Anbieterpreis und τ_t^i die im Lande erhobene Steuer darstellt. Die Nutzenfunktion des einzelnen Landes lautet dann:

$$W = V^i\left(p_t + \tau_t^i\right) + \tau_t^i \cdot R_t^i \tag{8.12}$$

Da die Wohlfahrtsfunktion zu jedem Zeitpunkt maximiert werden soll, erhält man den optimalen Steuersatz aus der Bedingung erster Ordnung. Die Wohlfahrtsfunktion wird nach der Steuer abgeleitet und gleich null gesetzt. Unter Nutzung von Roy's Identität $R_t^i = -V_{p_t}^i$ ergibt dies:

$$\frac{\partial W}{\partial \tau_t} = V^i_{p_t} \frac{d(p_t + \tau_t)}{d\tau_t} - V^i_{p_t} - \tau_t \cdot V^i_{pp} \frac{d(p_t + \tau_t)}{d\tau_t} = 0 \tag{8.13}$$

Durch umformen erhält man unter Beachtung von $\frac{d(p_t(\tau_t) + \tau_t)}{d\tau_t} = 1 + p_t'(\tau)$:

$$V_{p_t}^i p_t'(\tau) - \tau_t \cdot V_{pp}^i \left(1 + p_t'(\tau)\right) = 0 \tag{8.14}$$

Da das Angebot gegeben ist, gilt die Markträumungsbedingung $R_t = \sum_i -V_p^i$.

Differenziert man die Markträumungsbedingung nach τ_t^i und löst die Gleichung nach $p'(\tau)_t$ auf, so erhält man:

$$p'(\tau)_t = \frac{-V_{pp}^i}{\sum_j V_{pp}^j}$$

Setzt man den so erhaltenen Ausdruck in die Bedingung erster Ordnung (Gleichung (8.14)) ein, erhält man den optimalen Steuersatz:

$$\tau^i = \frac{-V_{p_t}^i}{\sum_{j \neq i} V_{pp}^j} = \frac{R_t^i}{\sum_{j \neq i} \partial R_t^j / \partial p} \tag{8.15}$$

Sind die Anbieter derart zahlreich, dass sich der Preis entsprechend der Hotelling-Regel $\left(p_t = (p_0 - c) \cdot e^{rt} + c\right)$ bewegt, so muss der optimale Steuersatz gegen null gehen, wenn der Angebotspreis den Prohibitivpreis erreicht. Da die Angebotsmenge zu jedem Zeitpunkt als gegeben angenommen wird, beeinflusst die Höhe der Importsteuer nicht das Angebot (und die Nachfrage) in späteren Zeiten. Aus diesem Grunde ist der open-loop Nash-Steuersatz auch zeitkonsistent, wenn auch nicht perfekt.

C. Der Kampf um die ökonomische Rente

Wurde in den vorangegangenen Abschnitten versucht, die optimale Importsteuer zu ermitteln, wenn die Anbieterseite im vollkommenen Wettbewerb steht, so wird jetzt zusätzlich Marktmacht auf der Anbieterseite unterstellt. Zu Beginn dieses Abschnittes soll erörtert werden, ob und wie eine Pareto-effiziente Allokation einer begrenzten Ressource möglich ist. Der einfachste Fall, in dem beide Marktseiten über Marktmacht verfügen, lässt sich wieder durch das Modell eines bilateralen Monopols beschreiben.

Die Pareto-optimale Allokation einer begrenzten Ressource verlangt, dass der Preis über Grenzkosten der Extraktion in der Zeit mit dem Zins ansteigen muss. Ein monopolistischer Anbieter jedoch bietet seine Ressource entsprechend der Regel an, dass der Grenzgewinn abzüglich Grenzkosten mit dem Zins ansteigt. Nur im Fall einer isoelastischen Nachfragefunktion liefert ein Ressourcenmonopolist auch eine Pareto-optimale Lösung. Bei nicht-isoelastischen Nachfragefunktionen führt das Angebotsverhalten zu Pareto-ineffizienten Allokationen. Eine naheliegende Idee ist es, durch eine Steuerpolitik seitens des Importeurs eine Pareto-optimale Allokation zu erreichen. Nachfolgend wird gezeigt, dass es möglich ist, durch eine Besteuerung und Subventionierung das Angebotsverhalten eines Monopolisten so zu beeinflussen, dass der Angebotspfad dem eines Wettbewerbspfades entspricht. Dass es dabei egal ist, ob das Steuer-/Subventionsregime auf die Konsumenten oder auf den Monopolisten angewendet wird, lässt sich einfach zeigen:

Der Marktpreis je Ressourceneinheit sei p_t und s_t die Subvention bzw. Steuer (s_t negativ), die die Haushalte je Ressourceneinheit vom Staat erhalten bzw. an diesen zu zahlen haben. Ferner sei $f(R_t,t)$ die indirekte Nachfragefunktion. Der Konsumentenpreis ist dann $p_t - s_t$. Die inverse Nachfragefunktion hat dann die Form $p_t - s_t = f(R_t,t)$.

Für den Marktpreis ergibt sich folglich:

$$p_t = f(R_t,t) + s_t \tag{8.16}$$

Der Gewinn des Monopolisten ergibt sich wie folgt:

$$\Pi_t = (p_t - c)R_t \tag{8.17}$$

Gleichung (8.16) eingesetzt in (8.17) liefert den Gewinn des Monopolisten als:

$$\Pi_t = \left(f(R_t,t) - c\right)R_t + s_t R_t \tag{8.18}$$

Wird anstelle der Konsumenten der Monopolist subventioniert/besteuert, ergibt sich sein Gewinn als:

$$\Pi_t = \left(f(R_t,t) - c\right) \cdot R_t + s_t \cdot R_t \tag{8.19}$$

Die Gleichungen (8.18) und (8.19) sind identisch, d.h. der Monopolist wählt in beiden Fällen den gleichen Angebotspfad R_t.

Subventioniert/besteuert der Staat den Monopolisten, dann lautet dessen Hamiltonfunktion wie folgt:

$$H = \left(f(R_t,t) - c\right) \cdot R_t + s_t \cdot R_t - \lambda_t \cdot R_t \tag{8.20}$$

Aus den notwendigen Bedingungen erhält man unmittelbar:

$$s_t = f'(R_t,t) - c - \lambda_0 \cdot e^{rt} \tag{8.21}$$

Der Staat kann dann durch eine Subvention oder Steuer jeden gewünschten Extraktionspfad erzwingen, und so den Subventions-/Steuerpfad mittels Gleichung (8.21) bestimmen. Kennt der Staat den Wettbewerbspfad R_t^*, so kann dieser auch implementiert werden. Die Ressourcenrente λ_t des Monopolisten kann nachträglich ebenfalls besteuert werden, so dass es eine Vielzahl von möglichen Subventions-

/Steuer-Regimes gibt, die es erlauben, eine effiziente Allokation der Ressource zu implementieren. Maximal lässt sich durch das Setzen von $\lambda_0 = 0$ die Ressourcenrente vollständig in die Staatskasse umleiten. Aber es verbleibt dem Monopolisten immer ein Monopolgewinn, der zu Lasten der Konsumentenrente geht und der nicht wegbesteuert werden kann. Deshalb bleibt der Monopolist für den Fall, dass der Grenzgewinn $\Pi'(R^*)$ positiv ist, Nettosubventionsempfänger. Dieses Subventions-/Steuer-Regime ist jedoch nicht teilspielperfekt, da der Monopolist durch strategisches Verhalten den Subventions-/Steuerpfad zu seinen Gunsten beeinflussen kann. Wählt der Monopolist in einem bestimmten Zeitintervall eine nicht gleichgewichtige Extraktionsmenge, so wird der Staat zu einem anderen Subventions-/Steuerpfad gezwungen, als es der open-loop-Lösung entspricht. Der Staat ist folglich nicht in der Lage, sich auf einen open-loop Subventions-/Steuerpfad verbindlich festzulegen.

Das Augenmerk in der obigen Betrachtung lag auf der Implementierung Pareto-effizienter Extraktionspfade, wobei die Verteilung des Effizienzgewinnes beliebig sein kann. Will der importierende Staat jedoch den Effizienzgewinn entsprechend seiner Vorstellung umverteilen, dann muss statt einer Mengensteuer eine nicht-lineare Subvention/Steuer eingeführt werden.

Im internationalen Handel mit einer erschöpfbaren Ressource liegt das Bestreben eines importierenden Landes nicht unbedingt darin, einen effizienten Pfad zu implementieren, sondern den Extraktionspfad und damit den Angebotspreis so zu beeinflussen, dass sein Nutzen bei gegebenem Verhalten des Exporteurs maximal wird.

a) Der Ressourcenmarkt als ein bilaterales Monopol

Die Zielsetzungen der Marktteilnehmer in einem bilateralen Monopol sind eindeutig zu beschreiben. Der Anbieter der Ressource will einen Ressourcenpreis, der den Gegenwartsgewinn maximal werden lässt, während der Importeur den Angebotspreis zu minimieren trachtet. Es wurde oben gezeigt, dass ein monopsonistischer Importeur in der Lage ist, die Anbieter einer begrenzten Ressource zu enteignen, wenn diese als Preisnehmer agieren (sofern die Extraktionskosten nicht bestandsabhängig sind). Ein monopolistischer Ressourcenanbieter hingegen kann auf die Aktionen des Importeurs mit Gegenmaßnahmen reagieren.

Open-loop-Nash-Strategien

Wählt in einem open-loop-Nash-Spiel der Monopolist seinen optimalen Angebotspfad, gegeben den Steuersatz des Importeurs, während der Importeur seinen optimalen Steuersatz bei gegebenem Angebotspfad des Monopolisten wählt, so kann es für den Monopolisten niemals optimal sein, die Ressource zu extrahieren. Verpflichtet sich nämlich der Exporteur, eine bestimmte Menge anzubieten, so kann der Importeur einen beliebig hohen Steuersatz wählen. Um die angekündigte Menge dann aber tatsächlich exportieren zu können, muss der Exporteur die Angebotsmenge in Höhe des Importsteuersatzes subventionieren.

Wählt der Exporteur als steuervariable anstatt der Menge den Preis, ist es für den Importeur optimal, keine Steuer zu erheben. Das Maximierungskalkül des Importeurs ist beschrieben durch:

$$\max \int_0^{\infty} \left[V(p_t + \tau_t) + \tau_t \cdot R_t(p_t + \tau_t) \right] \cdot e^{-rt} \, dt \tag{8.22a}$$

unter der Nebenbedingung:

$$\dot{S}_t = -R_t(p_t + \tau_t) \tag{8.22b}$$

Die Hamiltonfunktion in laufenden Werten hat die Form:

$$H^i = V(p_t + \tau_t) + \tau_t \cdot R_t(p_t + \tau_t) - \lambda_t \cdot R_t(p_t + \tau_t) \tag{8.23}$$

Aus der Bedingung erster Ordnung und der kanonischen Gleichung erhält man:

$$\frac{\partial H^i}{\partial R_t} = 0 \qquad \Rightarrow \tau_t = \lambda_t \tag{8.24}$$

$$-\frac{\partial H^i}{\partial S_t} + r \cdot \lambda_t = \dot{\lambda}_t \qquad \Rightarrow \dot{\lambda}_t = \lambda_t \cdot r \tag{8.25}$$

Beachtet der Importeur die Bestandsrestriktion nicht in seinem Optimierungskalkül, dann ist $\lambda_t = 0$. Zu welchem Preis der Exporteur auch die Ressource anbietet, der Importeur wird niemals eine Steuer erheben. Der Exporteur kann somit den klassischen Monopolpreispfad wählen. Der Exporteur wird aus diesem Grunde auch niemals die Menge als Steuervariable wählen. Deshalb ist das Ergebnis, dass die Ressource im Boden verbleibt, nicht realistisch. Realiter und analytisch korrekt müsste der Importeur die Bestandsrestriktion in seinem Optimierungskalkül berücksichtigen. In diesem Fall ergibt sich aus den Gleichungen (8.24) und (8.25), dass der Steuersatz τ_t mit der Rate $\lambda_t \cdot r$ ansteigen muss. Da aber λ_t, der Schattenpreis der Ressource, sich ebenfalls im Zeitablauf ändert, die Änderungsrate aber ihrerseits von dem Steuersatz abhängig ist, lässt sich eine analytische Lösung des open-loop Nash-Spieles nicht erreichen.

b) Open-loop Stackelberg-Strategien

Verfolgen die Spieler Nash-Strategien, so verhalten sie sich in dem Sinne nicht-strategisch, als dass sie den Einfluss ihrer eigenen Handlung auf die des jeweils anderen in ihren Überlegungen unberücksichtigt lassen. Nutzt man das Stackelberg-Konzept, so ist zu unterscheiden, welcher Spieler den ersten Schritt unternimmt, d.h. welcher Spieler als Stackelberg-Leader agiert.

Exporteur als Stackelberg-Leader

Agiert der Monopolist als Stackelberg-Leader, so hat er die Wahl der strategischen Variablen.

Wählt dieser den Preis als seine strategische Variable, dann stellt sich das Maximierungsproblem des Importeurs wie folgt:

$$\max_{\tau} \int_0^{\infty} \left[V(p_t + \tau_t) + \tau_t \cdot R_t(p_t + \tau_t) \right] \cdot e^{-rt} \, dt \tag{8.26}$$

Aus der zugehörigen Hamilton-Funktion und Anwendung der Roy'schen Identität folgt unmittelbar:

$$\tau_t = 0 \tag{8.27}$$

Der Importeur wird also keine Steuer auf die Ressource erheben, da für ihn die Angebotskurve vollkommen elastisch ist. Für den monopolistischen Anbieter, wenn dieser als Stackelberg-Leader oder als Nash-Spieler in einem bilateralen Monopol agiert, ist es sinnvoll, den Angebotspreis als Instrumentvariable zu wählen und nicht die Angebotsmenge.

Importeur als Stackelberg-Leader

Die Wirkung von Mengen- und Wertsteuern auf das Angebotsverhalten eines Monopolisten lässt sich in einem Stackelberg-Spiel modellieren, in dem der Monopsonist seinen optimalen Steuerpfad ankündigt, während daraufhin der Monopolist seinen optimalen Extraktionspfad bestimmt. Während die Art der Steuer im Fall von Wettbewerbsanbietern keinen unterschiedlichen Einfluss auf den Extraktionspfad und den Angebotspreis hat, ist dies bei einem monopolistischen Anbieter der Fall. Das konkrete Ergebnis ist stark abhängig von der Nachfragefunktion und der Kostenfunktion. Sind die Extraktionskosten bestandsabhängig, dann ist die open-loop Lösung zeitinkonsistent. Die Bestandsunabhängigkeit der Extraktionskosten ist sowohl notwendig wie auch hinreichend, damit der open-loop Steuersatz zeitkonsistent ist.

Durch die Kombination von Wert- und Mengensteuer kann eine Vielzahl von Angebotspfaden und -preisen implementiert werden, bis hin zu einer Enteignung des Monopolisten, solange die Extraktionskosten einer Ressourceneinheit konstant sind. Ist die Ressource kostenlos extrahierbar, dann reicht allein ein nahezu unendlich hoher Wertsteuersatz aus, um den Monopolisten zu enteignen. Dieser agiert dann wie ein Wettbewerbsanbieter. Dass ein Monopolist die Angebotsmenge als Steuervariable wählt, ist folglich eine extrem unrealistische Annahme. Es sei denn, es gibt eine Möglichkeit, dem Monopolisten die Angebotsmenge als seine einzige Steuervariable aufzuzwingen. Doch auch dann bleibt dem Monopolisten immer die Möglichkeit, nicht zu extrahieren. Er kann sich dadurch nicht schlechter stellen, aber der Importeur erleidet einen erheblichen Nutzenverlust. Die open-loop Lösung ist somit nicht perfekt.

Wählt der Monopolist den Angebotspreis p_t als seine strategische Variable, so stellt sich dessen Maximierungsproblem wie folgt:

$$\max_{p} \int_{0}^{T} \left[(p_t - c) \cdot R_t(p_t + \tau_t) \right] \cdot e^{-rt} \, dt \tag{8.28a}$$

unter den Nebenbedingungen:

$$\dot{S}_t = -R_t(p_t + \tau_t) \tag{8.28b}$$

$$S(0) = S_0 \tag{8.28c}$$

Die zugehörige Hamiltonfunktion hat in laufenden Werten die Form:

$$H = [p_t - c] \cdot R_t(p_t + \tau_t) - \lambda_t \cdot R_t(p_t + \tau_t) \tag{8.29}$$

Die Bedingungen erster Ordnung lauten:

$$\frac{\partial H}{\partial p_t} = R_t(p_t + \tau_t) + [p_t - c] \cdot R_t'(p_t + \tau_t) - \lambda_t \cdot R_t'(p_t + \tau_t) = 0 \tag{8.30}$$

$$-\frac{\partial H}{\partial S_t} + r \cdot \lambda_t = r \cdot \lambda_t = \dot{\lambda}_t \tag{8.31}$$

Aus den Bedingungen erster Ordnung erhält man die bekannte Regel, derzufolge die Differenz aus Grenzerlös und Grenzkosten mit dem Zins steigen muss:

$$-\frac{R_t(p_t+\tau_t)}{R'_t(p_t+\tau_t)}+p_t-c=\lambda_0\cdot e^{rt} \tag{8.32}$$

Der Grenzerlös hängt von den Variablen p_t und τ_t ab.

Ist $X(\tau_t)$ das optimale (Nash-) Strategiebündel des Exporteurs auf die möglichen Strategien des Importeurs, so kann der Importeur dies in sein Maximierungskalkül miteinbeziehen:

$$\max_{\tau} V\big(X(\tau_t)+\tau_t\big)+\tau_t\cdot R_t \tag{8.33}$$

Da bei Konstanz der Grenzkosten der Grenzerlös des Exporteurs gemäß Gleichung (8.32) im Zeitablauf steigen muss, ist das zu lösende Kontrollproblem des Stackelberg-Leaders nicht trivial und analytisch nicht mehr lösbar.

Werden Interaktionen zwischen strategischen Exporteuren und Importeuren betrachtet, so wird der Anylyserahmen sehr schnell zu kompliziert, um Ergebnisse ableiten zu können. Doch zeigt sich, dass die ökonomische Rente keineswegs bei den Ressourceneignern verbleiben muss, sondern die Ressourcenimporteure daran teilhaben können.

Teil 4: Ressourcen im Produktionsprozess

Kapitel 9: Produktion mit erschöpfbaren natürlichen Ressourcen

A. Einleitung

Bisher wurde die erschöpfbare natürliche Ressource als ein Gut betrachtet, das einer gegebenen Marktnachfrage gegenübersteht. In diesem und den nachfolgenden Abschnitten wird die erschöpfbare natürliche Ressource als notwendiger Input im Produktionsprozess eingesetzt. Aus normativer Sicht, stellt sich die Frage, in welchem Umfang die erschöpfbare Ressource zeitlich genutzt werden soll, und ob eine Produktion von Gütern auf Dauer aufrecht zu halten ist. Um diese Fragen beantworten zu können wird das Modell einer einfachen Volkswirtschaft vorgestellt. Die Produktion Y_t in einer Volkswirtschaft erfolgt mit den Produktionsfaktoren Kapital K_t und natürlicher Ressource R_t. Beide Faktoren sind produktionsnotwendig. Die Volkswirtschaft erhält ihren Nutzen allein aus dem Konsum des produzierten Gutes C_t. Ein gesamtwirtschaftlicher Planer maximiert den auf die Gegenwart diskontierten Nutzen U aus dem Konsum C_t. Entscheiden, und damit das System steuern, kann er über die Akkumulation von Kapital $\dot{K}_t$ mittels Investitionen I_t und über die Ressourcenextraktionsmenge R_t. Der Ressourcenbestand S_t verringert sich in jedem Zeitpunkt um die extrahierte Ressourcenmenge R_t. Zur Vereinfachung sei ein unendlicher Planungshorizont unterstellt. Es gibt zwei Verwendungsmöglichkeiten für das Sozialprodukt: als Konsumgut C_t oder für Investitionen in den Kapitalstock $\dot{K}_t = I_t$. Die Extraktion der natürlichen Ressource erfolgt kostenlos. Das Modell lässt sich im Flussdiagramm wie folgt darstellen:

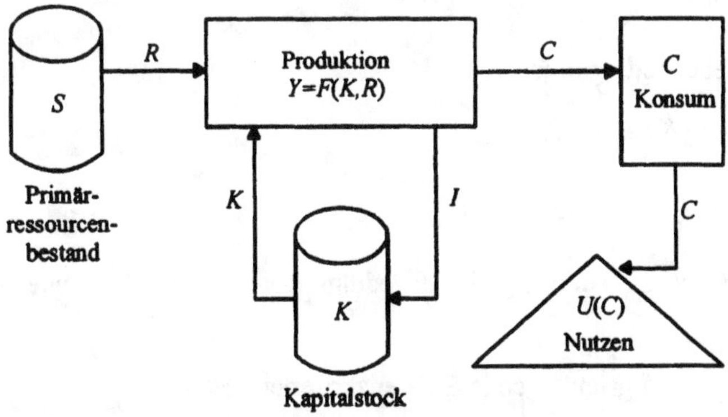

Abbildung 9.1: Struktur des Standardmodelles mit Ressource als Produktionsfaktor

In Abschnitt B werden zunächst die effizienten Pfade, in Abschnitt C dann der optimale Pfad abgeleitet. Schließlich wird in Abschnitt D der optimale Übergang auf eine Backstop-Technologie beschrieben.

B. Charakterisierung effizienter Pfade

Intertemporale Allokationsprobleme lassen mehrere mögliche Pfade als Menge erreichbarer Pfade zu. **Pfade sind erreichbar**, wenn die Nebenbedingungen des Allokationsproblems nicht verletzt werden. Die Anwendung des Pareto-Kriteriums ermöglicht es, aus der Menge erreichbarer Pfade solche herauszufiltern, die effizient sind. So ist ein Pfad erreichbar, der Ressource im Boden belässt, obwohl diese noch produktiv in den Produktionsprozess eingesetzt werden kann. Dieser Pfad ist jedoch nicht effizient, da durch den zusätzlichen Einsatz einer Ressourceneinheit ein höherer Output erreicht werden kann.

Ausgehend vom Standardmodell der neoklassischen Theorie erschöpfbarer natürlicher Ressourcen werden nun **effiziente Pfade** gesucht. Der gesamtwirtschaftliche Planer kann den Nutzen dadurch bestimmen, dass er darüber entscheidet, wieviel der erschöpfbaren Ressource zum jeweiligen Zeitpunkt eingesetzt werden soll und wie hoch der Investitionsanteil am Produktionsergebnis sein soll. Mit der Entscheidung über die Höhe der Investitionen ist somit auch das Konsumniveau in der jeweiligen Periode determiniert. Respektive: Wählt der Planer den Konsumanteil als Steuergröße, so ist damit automatisch auch der Investitionsanteil bestimmt, da sich beide Anteile zu Eins ergänzen müssen. Das Maximierungsproblem, das sich dem Planer stellt, lässt sich dann wie folgt formulieren:

$$\max_{R_t, C_t} \int_0^\infty U(C_t) \cdot e^{-r \cdot t}\, dt \tag{9.1}$$

unter den Nebenbedingungen

$$\dot{K}_t = F(K_t, R_t) - C_t \tag{9.1a}$$

$$\dot{S}_t = -R_t \tag{9.1b}$$

und den gegebenen Nichtnegativitätsbedingungen $C_t, R_t \geq 0$ sowie $K_0 > 0$ und $S_0 > 0$.

Es lassen sich zwei grundlegende Effizienzkriterien ableiten:

- **Statische Effizienz** erfordert die Vollbeschäftigung des Kapitals sowie Nicht-Verschwenden der natürlichen Ressource.

- **Intertemporale Effizienz** erfordert die Erfüllung des Pareto-Kriteriums: Der Konsum in einer Periode darf nicht erhöht werden, wenn dadurch der Konsum in einer anderen Periode vermindert wird.

Da die natürliche Ressource immer produktiv ist, andererseits keine Extraktionskosten anfallen, ist der gesamte Ressourcenbestand über den Planungshorizont zu erschöpfen. Somit gilt als **erste intertemporale Effizienzanforderung**:

$$\int_0^\infty R_t \, dt = S_0 \tag{9.2}$$

Die **zweite intertemporale Effizienzanforderung** ist die Hotelling-Regel. Sie wird aus dem Modell mit Hilfe der Kontrolltheorie abgeleitet.

Die in laufenden Werten formulierte Hamiltonfunktion des Maximierungsproblems (9.1) lautet:

$$H = U(C_t) - \lambda_t \cdot R_t + \mu_t \cdot \left[F(K_t, R_t) - C_t\right] \tag{9.3}$$

Der Systemzustand wird durch die Zustandsvariablen Kapitalstock K_t und Ressourcenbestand S_t beschrieben. Mit μ_t und λ_t werden die Kozustandsvariablen gekennzeichnet. Die Steuerung des Systems erfolgt mittels der Kontrollvariablen Konsum C_t und Ressourceneinsatz R_t.

Aus den notwendigen Bedingungen erhält man:

$$\frac{\partial H}{\partial C_t} = 0 \qquad \Rightarrow U'(C_t) = \mu_t \tag{9.4}$$

$$\frac{\partial H}{\partial R_t} = 0 \qquad \Rightarrow \mu_t \cdot F_R = \lambda_t \tag{9.5}$$

Die kanonischen Gleichungen ergeben:

$$\begin{aligned} -\frac{\partial H}{\partial K_t} + r \cdot \mu_t = \dot{\mu}_t \qquad &\Rightarrow -\mu_t \cdot F_K + r \cdot \mu_t = \dot{\mu}_t \\ &\Rightarrow -F_K + r = \hat{\mu}_t \end{aligned} \tag{9.6}$$

$$-\frac{\partial H}{\partial S_t} + r \cdot \lambda_t = \dot{\lambda}_t \qquad \Rightarrow r = \dot{\lambda}_t \tag{9.7}$$

$$\frac{\partial H}{\partial \mu_t} = F(K_t, R_t) - C_t = \dot{K}_t \text{ und } \frac{\partial H}{\partial \lambda_t} = -R_t = \dot{S}_t$$

Die Ausdrücke F_R und F_K stehen für die partiellen Ableitungen der Produktionsfunktion $F(K_t, R_t)$ nach R_t beziehungsweise nach K_t, also $F_R \equiv \frac{\partial F(K_t, R_r)}{\partial R_t}$ und $F_K \equiv \frac{\partial F(K_t, R_r)}{\partial K_t}$.

Differenziert man den Logarithmus von Gleichung (9.5) nach der Zeit und berücksichtigt die Gleichung (9.7), so erhält man:

$$\hat{\mu} + \hat{F}_R = \hat{\lambda} = r \tag{9.8}$$

Setzt man Gleichung (9.6) in Gleichung (9.8) ein, erhält man die **Hotelling-Regel** als zweite intertemporale Effizienzbedingung:

$$\hat{F}_{R_t} = F_{K_t} \tag{9.9}$$

Gleichung (9.9) besagt, dass auf einem effizienten Pfad die Grenzproduktivität des Kapitals gleich der Wachstumsrate der Grenzproduktivität der natürlichen Ressource sein muss. Dies heißt, dass die natürliche Ressource durch zunehmenden Kapitaleinsatz substituiert wird. In diesem einfachen Modellzusammenhang lässt sich die Hotelling-Regel auch über **Arbitrage-Argumente** ableiten. Angenommen, ein gesamtwirtschaftlicher Planer steht vor der Entscheidung, auf einem effizienten Pfad eine Ressourceneinheit vom Zeitpunkt $t+1$ nach t zu verlagern und sodann als Produktionsinput einzusetzen.

Diese Verlagerung hat folgende **positive Effekte**:

- Das Sozialprodukt erhöht sich in t um das Grenzprodukt der zusätzlichen Ressourceneinheit F_{R_t}.
- Durch das gestiegene Sozialprodukt wird eine zusätzliche Investition in gleicher Höhe möglich, wenn der zusätzliche Output nicht konsumiert wird.
- Es ergibt sich in $t+1$ somit eine Kapitalstockerhöhung um F_{R_t}.
- Die zusätzliche Investition in t macht eine Investition in $t+1$ nun nicht mehr erforderlich. Es ergibt sich ein möglicher zusätzlicher Konsum in $t+1$ von F_{R_t}.
- Der größere Kapitalstock produziert in $t+1$ ein um $F_{K_{t+1}} \cdot F_{R_t}$ höheres Sozialprodukt.
- Diese Sozialprodukterhöhung ermöglicht wiederum einen zusätzlichen Konsum in $t+1$ von $F_{R_t} \cdot \left(1 + F_{K_{t+1}}\right)$.

Diesen positiven Effekten stehen als **negative Auswirkungen** gegenüber:

- Die in t verbrauchte Ressourceneinheit ist in $t+1$ nicht mehr nutzbar.
- Es ergibt sich daraus eine Verminderung des Sozialprodukts um $F_{R_{t+1}}$ sowie
- eine Verminderung des Konsums in $t+1$ um $F_{R_{t+1}}$.

Ist der positive Effekt $F_{R_t} \cdot \left(1+F_{K_{t+1}}\right)$ größer als der negative Effekt $F_{R_{t+1}}$ einer Umallokation, wird die Ressourceneinheit in t genutzt; im umgekehrten Fall wird sie in $t+1$ genutzt.

Intertemporale Effizienz ist offensichtlich erst dann gegeben, wenn eine Indifferenz bezüglich der Nutzung einer zusätzlichen Ressourceneinheit in t oder in $t+1$ besteht. Dies ist genau dann der Fall, wenn die beschriebenen positiven und negativen Effekte sich ausgleichen, es also nicht mehr zu Umschichtungen in der Ressourcennutzung kommt:

$$F_{R_t} \cdot \left(1+F_{K_{t+1}}\right) = F_{R_{t+1}} \tag{9.10}$$

Durch Umformungen und den Übergang auf „kleine" Periodenlängen ergibt sich mit $\hat{F}_{R_t} = F_{K_t}$ die Hotelling-Regel und damit die **zweite intertemporale Effizienzanforderung**. Die Effekte sind in Tabelle 9.1 zusammengefaßt:

t	$t+1$	Konsum in $t+1$
Verbrauch einer zusätzlichen Ressourceneinheit ← ↓	Vorverlagerung der Nutzung einer zusätzlichen Ressourceneinheit ↓	
Sozialprodukt steigt um F_{R_t} ↓	Sozialprodukt sinkt um $F_{R_{t+1}}$ →	Verminderung des Konsums um $F_{R_{t+1}}$
zusätzliche Investition in Höhe F_{R_t} →	Erhöhung des Kapitalstocks um F_{R_t} → ↓	nicht erforderliche Mehrinvestition = mögliche Konsumsteigerung um F_{R_t}
	Produktionssteigerung um $F_{K_{t+1}} \cdot F_{R_t}$ →	Konsumsteigerung um $F_{K_{t+1}} \cdot F_{R_t}$

Tabelle 9.1: Verlagerung einer Ressourceneinheit von t+1 nach t (Hotelling-Regel (9.9))

Die Übereinstimmung von Gleichung (9.9) mit der bekannten partialanalytischen Hotelling-Regel $\hat{p}_t = r$ wird deutlich über die neoklassische Theorie der Grenzproduktivitätsentlohnung. Die Nutzungskosten (oder Zinskosten) des Kapitals sind hier gleich F_K. Die Grenzproduktivität der Ressource F_R entspricht im Optimum dem Ressourcenpreis p_t, der ständig im Laufe der Zeit ansteigen muss. Deshalb muss die **Ressource fortlaufend durch Kapital substituiert** werden. Dies heißt, auch der Kapitalkoeffizient erhöht sich, und damit sinkt das Grenzprodukt des Kapitals. Zwar steigt der Ressourcenpreis im Laufe der Zeit. jedoch nimmt die Zuwachsrate des Ressourcenpreises fortlaufend ab.

C. Charakterisierung optimaler Pfade

In Abschnitt B sind die notwendigen Bedingungen für den optimalen Extraktions- und Kapitalakkumulationspfad hergeleitet worden. Nachfolgend werden zunächst die optimalen Pfade für die utilitaristische Zielfunktion, wie sie durch Gleichung (9.1) beschrieben wird, ermittelt, danach wird als alternative Zielfunktion das auf den britischen Philosophen *John Rawls* (1971) zurückzuführende **Max-Min-Kriterium** betrachtet. Jedes Individuum befindet sich nach *Rawls* hinter einem **Schleier der Unwissenheit** („veil of ignorance") in Bezug auf seine Position in der Gesellschaft. Übertragen auf intertemporale Probleme bedeutet dies, dass die Individuen nicht wissen, in welcher Periode sie leben beziehungsweise leben werden. *Rawls* sucht eine Antwort auf die Frage, welche Verteilung des Konsums die Individuen wählen würden. Er schlussfolgert, dass die Individuen sich für die Maximierung der Minimalposition entscheiden würden, mit der sie das dauerhaft bestmögliche Konsumniveau für die Gesellschaft erreichen können. Übertragen auf die Gesellschaft bedeutet dieser Ansatz, dass die Maximierung der gesellschaftlichen Wohlfahrt mit der Maximierung des niedrigsten dauerhaft haltbaren Nutzenniveaus erreicht wird.

a) Die utilitaristische Zielfunktion

Der gesamtwirtschaftliche Planer hat aus der Menge der effizienten Pfade denjenigen auszuwählen, der den maximalen Nutzen stiftet. Dazu maximiert er das Problem, das durch Gleichung (9.1) und den Bedingungen (9.4) bis (9.7) beschrieben ist. Aus den Gleichungen (9.4) und (9.6) erhält man:

$$\widehat{U'(C_t)} = r - F_K \tag{9.11}$$

Erweitert man $\widehat{U'(C_t)} = \frac{U''(C_t) \cdot \dot{C}_t}{U'(C_t)}$ mit C_t, lässt sich (9.11) auch schreiben als:

$$\hat{C}_t = \frac{F_K - r}{\eta} \tag{9.12}$$

mit $\eta = -\frac{U''(C_t) \cdot C_t}{U'(C_t)} > 0$ als der Grenznutzenelastizität des Konsums.

Gleichung (9.12) ist die sogenannte **Ramsey-Regel**, eine Optimalitätsbedingung für eine utilitaristische Zielfunktion in Modellen, die Kapitalakkumulation als Brücke zwischen gegenwärtigem und zukünftigem Konsum zulassen. Sie gibt an, wie sich der Konsum auf dem Optimalpfad entwickeln muss: Solange die Grenzproduktivität des Kapitals größer ist als die gesellschaftliche Zeitpräferenzrate, werden Konsummöglichkeiten in die Zukunft verlagert, und die Wachstumsrate des Konsums ist positiv, ist sie hingegen kleiner, wird der Konsum vorgezogen, und die Wachstumsrate ist negativ.

Die **Zeitpräferenzrate** spiegelt die Nutzenbewertung für verschiedene Perioden bzw. Generationen wider. Im allgemeinen schätzt eine Gesellschaft Nutzen umso geringer ein, je später er anfällt. Eine hohe Bewertung gegenwärtigen Nutzens gegenüber zukünftigem drückt sich aus in einer hohen Zeitpräferenzrate. Der Planer muss vorrangig klären, welcher Anteil des Sozialproduktes einer Periode zur Kapitalakkumulation aufgewendet werden soll. Eine Sozialprodukteinheit sollte heute investive Verwendung finden, wenn der durch die Investition heute entgangene Nutzen geringer ist als der diskontierte morgige Nutzenzuwachs. Der optimale Konsumpfad lässt sich qualitativ wie folgt darstellen:

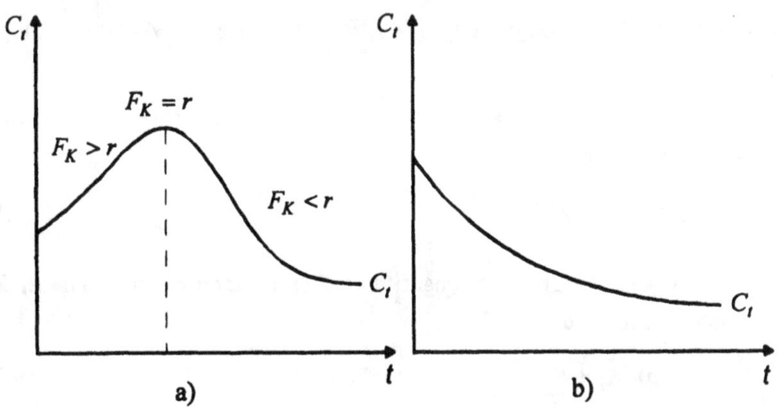

Abbildung 9.2: Konsumpfad

Wählt die Gesellschaft eine hinreichend kleine Zeitpräferenzrate, mag anfänglich $F_K > r$ und damit $\hat{C}_t > 0$ sein. Langfristig muss jedoch C_t gegen Null gehen. Dieser Fall ist in Abbildung 9.2 a) skizziert. Der optimale Konsumpfad erreicht sein Maximum für $F_K = r$.

Ist die Diskontrate *r* hinreichend groß, sinkt der Konsum über die Zeit von Anfang an. Dieser Fall ist in Abbildung 9.2 b) skizziert. Je kleiner die Zeitpräferenzrate ist, desto später erreicht die Gesellschaft den Zeitpunkt, von dem an ihr Konsum fällt. Je größer die Grenznutzenelastizität η ist, desto gleichmäßiger verteilt sich der Konsum auf die einzelnen Perioden. Die Ramsey-Regel begünstigt - soweit nicht $\hat{C}_t = 0$ ist - spätere Generationen. Die heutige Generation lebt mit der Notwendigkeit umfangreicher Kapitalakkumulation.

b) Das Rawls-Kriterium

Ziel des rawlsschen **Max-Min-Kriteriums** ist es, den Nutzen, der aus dem Konsum gezogen wird, über alle Perioden konstant zu halten. Dabei muss ein gesamtwirtschaftlicher Planer das Konsumniveau, das über den gesamten Planungshorizont gehalten werden kann, sicherstellen. Formal lässt sich die Zielfunktion wie folgt darstellen:

$$\max_{C_t, R_t} U(C_t) = \max \min C_t \tag{9.13}$$

Es gelten die bekannten Nebenbedingungen

$$\dot{K}_t = F(K_t, R_t) - C_t \tag{9.1a}$$

$$\dot{S}_t = -R_t \tag{9.1.b}$$

und die Nichtnegativitätsbedingungen $C_t, R_t \geq 0$ sowie die Anfangsbedingungen $K_0 > 0$ und $S_0 > 0$.

Zur Veranschaulichung wird als Produktionsfunktion eine Cobb-Douglas-Produktionsfunktion angenommen:

$$Y_t = F(K_t, R_t) = K_t^{1-\beta} \cdot R_t^{\beta} \tag{9.14}$$

Gleichung (9.14) lässt sich durch logarithmisches Differenzieren nach der Zeit in Wachstumsraten schreiben:

$$\hat{Y}_t = (1-\beta) \cdot \hat{K}_t + \beta \cdot \hat{R}_t \tag{9.15}$$

Die zeitliche Veränderung des Kapitalstocks $\dot{K}_t$ entspricht der Investition I_t in den Kapitalstock. Unterstellt man eine Sparquote s_t, so gilt:

$$\dot{K}_t = I_t = s_t \cdot Y_t \tag{9.16}$$

In Wachstumsraten ausgedrückt liefert (9.16):

$$\hat{I}_t = \hat{s}_t + \hat{Y}_t \tag{9.17}$$

Gleichung (9.1a) lässt sich auch schreiben als:

$$I_t = Y_t - C_t \tag{9.18}$$

bzw. in Wachstumsraten:

$$\hat{I}_t = \hat{Y}_t - \hat{C}_t \tag{9.19}$$

Entlang eines Rawls-Pfades darf sich der Konsum nicht verändern, folglich ist $\hat{C}_t = 0$. Gleichsetzen von (9.17) und (9.19) liefert dann:

$$\hat{I}_t = \hat{Y}_t = \hat{s}_t + \hat{Y}_t \tag{9.20}$$

Gleichung (9.20) ist nur dann erfüllt, wenn die Sparquote konstant ist, $\hat{s}_t = 0$. Einfacher ausgedrückt: Setzt man (9.18) und (9.16) gleich und löst nach der nunmehr konstanten Sparquote s auf, so erhält man:

$$s = \frac{Y_t - C_t}{Y_t} = 1 - \frac{C_t}{Y_t} \tag{9.21}$$

Aus (9.21) folgt, dass bei konstantem Konsumniveau und konstanter Sparquote auch das Inlandsprodukt konstant bleiben muss. Somit lässt sich (9.15) schreiben als:

$$(1-\beta) \cdot \hat{K}_t = -\beta \cdot \hat{R}_t \tag{9.22}$$

Für die Grenzproduktivität der Ressource erhält man:

$$\frac{\partial Y_t}{\partial R_t} = F_R = \beta \cdot K_t^{1-\beta} \cdot R_t^{\beta-1} \tag{9.23}$$

Löst man (9.14) nach $K_t^{1-\beta}$ auf und setzt das Ergebnis in (9.23) ein, so ergibt sich:

$$\begin{aligned} F_R &= \beta \cdot \frac{Y_t}{R_t^{\beta}} \cdot R_t^{\beta-1} \\ &= \beta \cdot \frac{Y_t}{R_t} \end{aligned} \tag{9.24}$$

In Wachstumsraten geschrieben liefert (9.24):

$$\hat{F}_R = \hat{Y}_t - \hat{R}_t$$

Da $\hat{Y}_t = 0$ gilt, ist somit:

$$\hat{F}_R = -\hat{R}_t \tag{9.25}$$

Gleichung (9.25) eingesetzt in Gleichung (9.22) führt zu:

$$(1-\beta)\cdot\hat{K}_t = \beta\cdot\hat{F}_R \quad \text{bzw.}$$

$$\dot{K}_t = \frac{\beta}{(1-\beta)}\cdot\hat{F}_R\cdot K_t \tag{9.26}$$

Entsprechend der Hotelling-Regel (9.9) $\hat{F}_R = F_K = (1-\beta)\cdot K_t^{-\beta}\cdot R_t^{\beta}$ wird (9.26) zu:

$$\begin{aligned} \dot{K}_t &= \frac{\beta}{1-\beta}\cdot(1-\beta)\cdot K_t^{-\beta}\cdot R_t^{\beta}\cdot K_t \\ \dot{K}_t &= \beta\cdot K_t^{1-\beta}\cdot R_t^{\beta} \\ \dot{K}_t &= \beta\cdot Y_t \end{aligned} \tag{9.27}$$

Setzt man (9.27) und (9.16) gleich, so erhält man:

$$\dot{K}_t = \beta\cdot Y_t = s\cdot Y_t \tag{9.28}$$

Gleichung (9.28) ist nur dann erfüllt, wenn die nunmehr konstante Sparquote s der Produktionselastizität der Ressource entspricht, $s = \beta$. Eine dauerhaft konstante Konsummenge $C_t > 0$ ist in einer Volkswirtschaft, deren Produktionstechnologie durch eine Cobb-Douglas-Produktionsfunktion beschrieben wird, dann möglich, wenn der Anteil, der auf den Einsatz der natürlichen Ressource zurückzuführen ist, vollständig investiert wird. Diese Regel wird auch als **hartwicksche Sparregel** bezeichnet, da sie von *John M. Hartwick* (1977) abgeleitet wurde. Die Höhe des dauerhaft konstanten Konsums und des Inlandsproduktes wird allein durch die Anfangsausstattungen an Ressource S_0 und an Kapitalstock K_0 bestimmt.

Der hartwickschen Sparregel kann allerdings nur dann entsprochen werden, wenn die **Elastizität der Substitution** σ zwischen den Produktionsfaktoren Kapital und natürlicher Ressource nicht kleiner Eins ist, d.h. es muss gelten: $\sigma \geq 1$. Ansonsten in eine Substitution der natürlichen Ressource durch Kapital bis „in die Ecken" nicht möglich. Im Fall einer Cobb-Douglas Produktionsfunktion gleicht die Substitutionselastizität dem Wert Eins. Ist die Substitutionselastizität größer als Eins, so ist die

Ressource kein essentieller Produktionsfaktor, das Problem somit trivial. Ist die Substitutionselastizität hingegen kleiner als Eins, $\sigma < 1$, so erfordert ein konstantes Sozialprodukt langfristig einen Ressourcenmindesteinsatz $R_{\min}$. Es ist also nicht möglich, ein konstantes Sozialproduktsniveau über einen unendlichen Zeithorizont aufrecht zu erhalten.

D. Übergang auf eine Backstop-Technologie

Der Ressourcenpreis steigt auf effizienten Pfaden gemäß der Hotelling-Regel an. Er muss so gesetzt werden, dass am Ende des Planungszeitraumes die natürliche Ressource erschöpft ist. Im Folgenden wird nun die Möglichkeit unterstellt, dass zu gegebenen Kosten bc ein **perfektes Ressourcensubstitut** durch eine Backstop-Technologie produziert werden kann. Ab einem bestimmten Ressourcenpreis kann dieses Substitut konkurrenzfähig sein und damit eine Preisobergrenze für die Ressource setzen. In deterministischen Modellen sind die Kosten der Substitutproduktion bereits im Ausgangszeitpunkt t_0 bekannt. Die Möglichkeit des Übergangs auf ein perfektes Ressourcensubstitut kann in Modellen mit gesamtwirtschaftlichem Planer wie folgt berücksichtigt werden:

- Bis zu einem Zeitpunkt t_1 ist der Bestand an natürlicher Ressource zu erschöpfen. Dies ermöglicht einerseits ein höheres Konsumniveau, zum anderen stärkere Kapitalakkumulation.
- In der sich anschließenden Phase der Nutzung des perfekten Substitutes benötigt die Gesellschaft zu dessen Produktion einen sehr hohen Kapitalstock.

Den Zusammenhang veranschaulicht nachfolgende Abbildung 9.3.

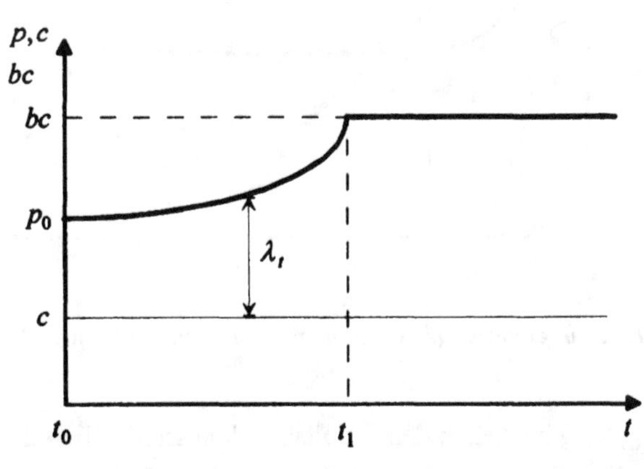

Abbildung 9.3: Preispfad bei Existenz einer Backstop-Technologie

Für die Extraktion der natürlichen Ressource werden konstante Grenzkosten $c > 0$ unterstellt. Das Substitut werde zu konstanten Grenzkosten $bc > c$ bereitgestellt. Die natürliche Ressource wird in der Phase $t_0 \leq t < t_1$ angeboten, und zwar zum Preis:

$$p_t = \lambda_t + c < bc \tag{9.28}$$

Der Ausgangspreis p_0 ist so anzusetzen, dass bei einem Preisanstieg gemäß der Hotelling-Regel die natürliche Ressource im Zeitpunkt t_1 zum Preis $p_{t_1} = bc$ erschöpft ist. Von t_1 an wird nur noch das Ressourcensubstitut angeboten .

Obige Argumentation unterstellt, dass in der Backstop-Phase der **Kapitalstock nachträglich umrüstbar** ist. Der Umallokationsprozess des Kapitalstockes hin zur Backstop-Technologie führt zum Rückgang der Produktion. Da die Investitionsquote nach dem Regimewechsel sinken kann, lässt sich dennoch ein stetiger Konsumpfad erreichen. Besteht diese Umrüstungsmöglichkeit nicht, muss auch in der Backstop-Phase weiterhin die natürliche Ressource genutzt werden, um ein Rückgang der Produktion auf Null zu vermeiden. In diesem Fall ergeben sich drei Phasen:

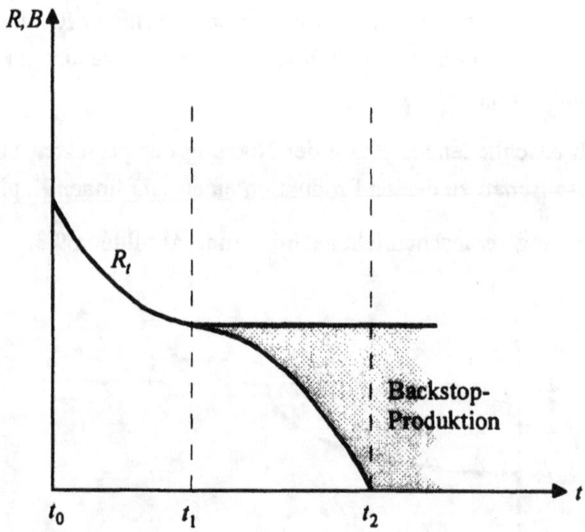

Abbildung 9.4: Ressourcennutzungsphasen bei nicht nachträglich umrüstbarem Kapitalstock

In der Phase $[t_0, t_1]$ wird neben dem Kapitalstock ausschließlich die natürliche Ressource genutzt. Der Ressourcenpreis wächst mit der Diskontrate, und gemäß der Hotelling-Regel erfolgt die Substitution von natürlicher Ressource durch Kapital. In der Umrüstungsphase $[t_1, t_2]$ wird die Nachfrage durch Ressource mit fallender und durch das Substitut B mit steigender Nutzungsrate bedient. Im Zeitpunkt t_2 ist die natürliche Ressource erschöpft, und das Ressourcensubstitut B aus der Backstop-Technologie hat die natürliche Ressource vollständig ersetzt. In t_1 beginnt die Substitutnutzung mit monotoner Wachstumsrate (der Preis des Substituts steigt mit der Diskontrate), bis sie in t_2 gleich dem gesamten Rohstoffverbrauch ist.

Damit bleibt als Fazit festzuhalten, dass bei dem Einsatz von erschöpfbaren natürlichen Ressourcen in den Produktionsprozess nur unter sehr bestimmten Bedingungen ein dauerhaft positives Konsumniveau aufrecht zu erhalten ist. Ansonsten bleibt der Gesellschaft nur der Ausweg, den eine Backstop-Technologie bietet.

Kapitel 10: Erschöpfbare Ressourcen und Rezyklierung

A. Rezyklierung in der Theorie natürlicher Ressourcen

Produktionsprozesse konvertieren Inputfaktoren nicht vollständig in Outputs. Es fallen immer **Kuppelprodukte** an, die in drei Gruppen unterteilt werden können:

(i) umgewandeltes Material;
(ii) nicht transformierte Rohstoffe (wie Katalysatoren);
(iii) Energie-Outputs.

Diese Klassifizierung gilt ebenfalls für den Konsumprozess. Die Kuppelprodukte werden als Abwärme oder Abfälle wieder in die Umwelt gegeben. Damit sind die eingesetzten und genutzten Stoff- und Energiemengen nicht verloren, sondern nach dem **Massenerhaltungsgesetz** praktisch noch vorhanden. In einem geschlossenen System ohne Netto-Akkumulation von Beständen müssen die Rückstände aus dem ökonomischen System den Entnahmen aus der Umwelt ungefähr entsprechen (**Materialbilanzkonzept**). Die Materieströme charakterisieren Durchflussbeziehungen, die durch das Massenerhaltungsgesetz bestimmt werden. Im ökonomischen Prozess wird nicht die Materie selbst, sondern nur ein von ihr bereitgestellter Nutzenstrom verbraucht. Früher oder später wird diese Materie in irgendeiner Form als Umweltbelastung in das ökologische System beziehungsweise das Umgebungssystem ökonomischer Prozesse zurückkehren.

Da die im ökonomischen Prozess eingesetzten Stoffe lediglich umgewandelt werden, nicht jedoch im Wortsinn verbraucht, müssen in den Abfällen des ökonomischen Systems die eingesetzten natürlichen Ressourcen grundsätzlich noch vorhanden sein. In diesem Kontext sind die in Kapitel 1 angesprochenen ersten beiden Hauptsätze der **Thermodynamik** von Bedeutung. Dem ersten Hauptsatz zufolge kann grundsätzlich jeder Stoff rezykliert werden. Rezyklierungsgrenzen setzt erst der zweite Hauptsatz, das **Entropiegesetz**, wonach in einem geschlossenen System die natürlichen Vorgänge irreversibel sind und immer so ablaufen, dass die Entropie des Systems zunimmt. Die Entropie ist dabei ein Maß für die im System gebundene, soll heissen zur Abgabe von Arbeit nicht mehr verfügbare Energie. Mit dem Entropiegesetz kann begründet werden, dass ökonomische Aktivitäten ohne Umweltbelastung nicht möglich sind. Mit jedem Umwandlungsprozess von Materie und Energie sinkt der Anteil noch verfügbarer natürlicher Ressource, was sich bei Rezyklierungsprozessen als Ausdünnung bemerkbar macht. So ist Altpapier nicht beliebig oft rezyklierbar, weil der verfügbare Rohstoffanteil von Mal zu Mal abnimmt.

Rezyklierung ist neben der Abfallbeseitigung eine wichtige Methode der Abfallbewältigung. Sie bedeutet eine weitgehende Schließung des offenen Material- und Energieflusses zu einem Kreislauf. Abfall aus Konsum und Produktion kann nach etwaiger Umwandlung, die einen unterschiedlichen Grad besitzen kann, als Input in den ökonomischen Prozess zurückgeschleust und damit wirtschaftlich nutzbar gemacht werden.

Rezyklierung setzt sowohl an der Inputseite wie auch an der Outputseite des ökonomischen Prozesses an. Die Ressourcenbasis einer Volkswirtschaft kann durch Rezyklierung erweitert werden. Mögliche Knappheiten auf der Entsorgungsseite einer Volkswirtschaft (Verknappung von Deponieraum, Durchsetzungsprobleme von Müllverbrennungsanlagen etc.) können durch **Kreislaufführung** von Abfallressourcen entschärft werden. Da eine Wechselbeziehung zwischen Abfallbeseitigung und Rezyklierung besteht, die sich auch über Kosten manifestiert, ist die vorstehende Theorie erschöpfbarer natürlicher Ressourcen zu erweitern. Einmal sind optimale Nutzungspfade für Primärressourcen und aus Abfallbehandlung gewonnenen Sekundärressourcen zu bestimmen. Darüber hinaus ist es wichtig, im ökonomischen Optimierungsvorgang Nutzungspfade für alternative Formen der Abfallbehandlung zu untersuchen.

Über erschöpfbare natürliche Ressourcen, die als Input in einen ökonomischen Prozess eingehen, können grundsätzlich drei Annahmen gemacht werden:

(i) die Ressource geht nach einmaliger Nutzung verloren;

(ii) als in dauerhaften Gütern gebundene Ressource ist sie (periodisch) wiederholt nutzbar;

(iii) nach einmaliger Nutzung wird die Ressource zu Abfall und ist nach einem Wiederaufbereitungsvorgang erneut verfügbar.

Der erste Fall entspricht der Standardtheorie erschöpfbarer natürlicher Ressourcen, wie sie in Kapitel 9 beschrieben worden ist. Die beiden weiteren Fälle sind dadurch charakterisierbar, dass wie eingangs diskutiert ein Beitrag sowohl zum Problem der Umweltverschmutzung wie auch zur Rohstoffeinsparung im Sinne einer Erweiterung der nutzbaren Ressourcenbasis entsteht.

Wenn Ressourcen in langlebigen Konsum- und Investitionsgütern haltbar sind, müssen bei gegebener Nachfrage über die Zeit relativ weniger Primärressourcen entnommen werden und damit fällt auch weniger Abfall an: Bei gegebener Anfangsausstattung mit Sachkapital und Primärressourcenbestand ändern sich gegenüber Fall (i) offensichtlich die Optimalpfade für Konsum und Ressourcenverbrauch.

Während dauerhafte Güter allein über die längere Haltbarkeit gegenüber kurzlebigen Gütern in einem gegebenem Zeitraum zu einem verminderten Anfall von Abfällen führen, handelt es sich bei der **Rezyklierung** um einen Prozess, der nach der Abfallentstehung ansetzt. Abfälle werden nach etwaiger Umwandlung beziehungsweise Behandlung dem ökonomischen System vollständig oder teilweise wieder verfügbar gemacht.

Mit der Rezyklierung sind gegenüber der Nutzung von Primärressourcen grundsätzlich drei positiv zu bewertende Effekte verbunden:

- Verringerung der Umweltbelastung
- technologisch wirkungsvollere Ressourcennutzung
- Energieeinsparung

Aufgrund thermodynamischer Gesetzmäßigkeiten ist in der Realität das ursprüngliche Nutzungspotential an natürlichen Ressourcen nach deren Rezyklierung allerdings nie mehr vollständig verfügbar. Darüber hinaus stellt Rezyklierung selbst oft eine Aktivität mit negativen Umweltwirkungen dar. In einem gegebenem Zeitraum sind der Kreislaufrückführung von Abfallressourcen zudem technologisch bedingte Grenzen gesetzt. Dass trotz der beschriebenen Vorteile von Rezyklierung diese Strategie nicht ausschließlich verfolgt wird, hat folgende Gründe:

- Im Allgemeinen sind die Ressourcen über einen bestimmten Zeitraum in dauerhaften Gütern wie Kühlschränken oder Kraftfahrzeugen gebunden und stehen deshalb oft erst nach deren Verschrottung zur Verfügung.
- Rezyklierung von Ressourcen in „großer Verdünnung“ kann prohibitiv teuer sein, beispielsweise die Kreislaufführung von Gummiabrieb bei Autoreifen oder das Einsammeln einzelner Getränkedosen an Autobahnauffahrten.

Die Ableitung **intertemporaler Effizienzregeln** und Fragen, wie die Ressourcenbasis auf verschiedene Generationen aufgeteilt werden soll, wie Ressourcenpfade über die Zeit verlaufen sollen, müssen bei gegebener Möglichkeit der Rezyklierung berücksichtigen, ob zugunsten heutigen Mehrkonsums beliebig Abfälle akkumuliert werden sollen, ob in einer Welt erschöpfbarer Rohstoffe Abfallressourcen zur Verringerung der Umweltverschmutzung beseitigt werden oder als potentiell benötigte Sekundärressource (Lagerhaltung) aufgehoben werden sollen.

Mit Rezyklierung können, wie bereits erwähnt, zwei grundsätzliche Absichten verfolgt werden: die Verringerung des Abfallbestandes, eine Problemstellung, die Gegenstand der Umweltökonomik ist, aber auch die Rohstoffrückführung in den ökonomischen Prozess. Integrierte Modelle kombinieren diese beiden Sichtweisen.

Wie in den vorstehenden Ausführungen gezeigt wurde, setzt sich der **Preis einer Ressourceneinheit** grundsätzlich zusammen aus den Extraktionskosten und dem Schattenpreis (**Nutzungskosten**). Da die Möglichkeit der Rezyklierung den Nutzungspfad für erschöpfbare natürliche Ressourcen verändert, gibt es auch Auswirkungen auf die Nutzungskosten selbst. Möglichkeiten des Materialrückflusses aus Produktion und Konsum, die zukünftige Rohstoffverfügbarkeiten für Rezyklierung beeinflussen, wirken in Rezyklierungsmodellen als wichtiger Faktor auf die Nutzungskosten.

Darüber hinaus verursacht eine extrahierte beziehungsweise rezyklierte Rohstoffeinheit nach ihrer Konsumierung negativen Nutzen in Form von Abfall. Zu unterscheiden ist dabei zwischen Abfall als Strom- und Bestandsgröße. Ist der Abfall eine Stromgröße, ergeben sich für die Rezyklierung kaum Probleme: Der jeweils anfallende Abfallstrom wird periodenweise behandelt (rezykliert oder beseitigt) oder verbleibt als Rückstand. Als Ergebnis der Gleichgewichtslösung erfolgt die Aufteilung in jeder Periode neu. In der Betrachtung des Abfalls als Bestandsgröße wird die zeitliche Entwicklung des rezyklierungsfähigen Abfallbestandes im Optimierungskalkül berücksichtigt. Bei der Rezyklierung aus Beständen ist die Möglichkeit gegeben, dass Abfall auf natürliche Weise abgebaut wird, was wiederum die Nutzungskosten beeinflussen muss. Der natürliche Abbau kann je nach Fragestellung als negative Produktivität oder als umweltreinigend interpretiert werden.

Die Nutzungskosten des Abfalls bestimmen sich somit grundsätzlich über den Grenzschaden aus einer marginalen Abfalleinheit, der natürlichen Abbaurate des Abfallbestandes sowie aus der gesellschaftlichen Zeitpräferenzrate (im Fall der Betrachtung von Abfall als Bestandsgröße). Das letztlich als optimal auszuwählende Nutzungsprofil von Primärressourcennutzung, Rezyklierung und Abfalldeponierung hängt von den konkreten Modellannahmen hinsichtlich Nutzenfunktionen, Produktionstechniken und Kostenparametern ab.

In Abschnitt B wird die Bedeutung von Rohstoffrückführungen in den wirtschaftlichen Prozess kurz dargestellt.

B. Rohstoffrückführung

Wird Rezyklierung als Mittel zur Rohstoffrückführung in den ökonomischen Prozess untersucht, wird die **zeitveränderliche Bewertung** von natürlichen Ressourcen als Produktionsfaktor relevant. Die Gesellschaft hat grundsätzlich zwei Rohstoffquellen: Primärressource ist in endlicher Menge aus der Natur (im allgemeinen kostenlos) extrahierbar. Sekundärressource muss aus einem Abfallbestand durch Rezyklierungsaktivitäten wiedergewonnen werden. Abfälle entstehen wieder in den produktiven Prozessen oder beim Konsum. Der Abfallbestand unterliegt Zerfall, indem auf natürlichem Wege Abfälle in Rohstoffe transformiert werden. Schwund aus dem Konsum ergibt sich zusätzlich, so in Form von Umwandlungsverlusten. Die gesellschaftliche Wohlfahrt wird bestimmt durch den Konsum sowie die negativen Effekte aus der Existenz eines Abfallbestandes. Die Struktur derartiger **Rohstoffrückführungsmodelle** ist in der Abbildung 10.1 veranschaulicht.

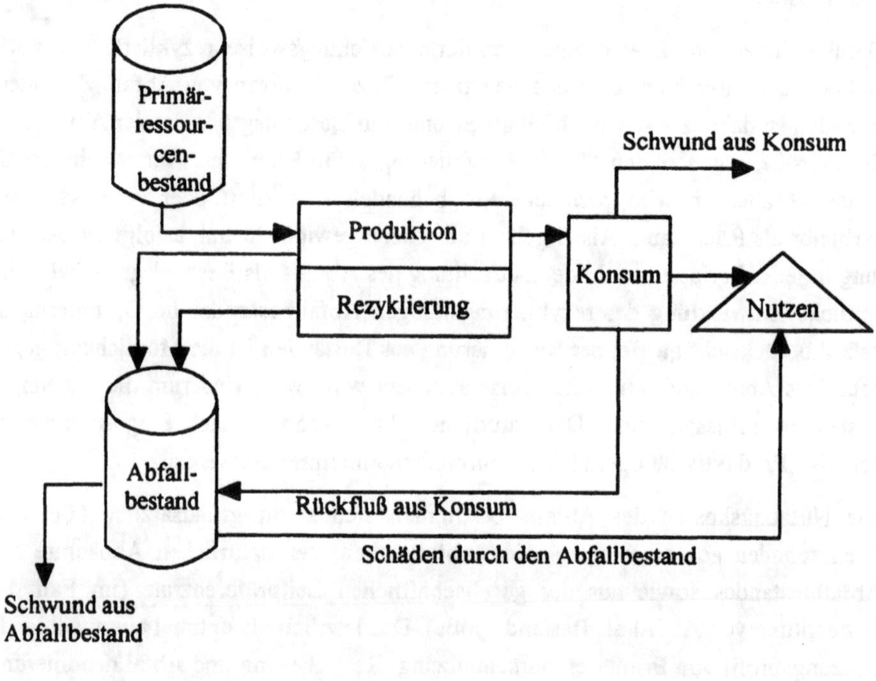

Abbildung 10.1: Rezyklierung als Mittel zur Rohstoffrückführung

Werden keine produktiven Prozesse modelliert, handelt es sich um sogenannte Cake-Eating-Ansätze (vgl. Kapitel 2). Aus den beiden Beständen wird dann die natürliche Ressource extrahiert und direkt konsumiert. Zielsetzung der Rohstoffrückführungsmodelle ist die Ableitung intertemporal optimaler Nutzungsprofile für die beiden Rohstoffbestände, die zu unterschiedlichen Kosten genutzt werden können. Üblicherweise wird in den Modellen angenommen, die **Extraktionskosten einer Rohstoffeinheit seien geringer als die Rezyklierungskosten**, damit die Problemuntersuchungen überhaupt interessant sind. Die Begründung kann sich beispielsweise daraus ergeben, dass einmal genutzter Rohstoff einem Reinigungsprozess (z.B. Pfandflaschen) unterzogen werden muss.

Werden keine Nutzungsverluste modelliert, ist ein Rezyklierungsmodell interpretierbar als **Backstop-Modell** mit fester Obergrenze für die laufende Angebotsmenge jeder Periode. Natürlicher Zerfall des Abfallbestandes ist interpretierbar als negative Grenzproduktivität, die Lagerung bereits extrahierter Rohstoffe ist mit Nutzungskosten verbunden, was die Nutzungsprofile beeinflussen muss. Grundsätzlich sollte die Gesellschaft die „billigere" Ressource nutzen, wobei für den ökonomischen Vergleich nicht nur die jeweils aktuellen Extraktionskosten beziehungsweise Rezyklierungskosten zu berücksichtigen sind, sondern auch die Nutzungskosten erschöpfbarer natürlicher Ressourcen.

Je nach Modellannahmen hinsichtlich der drei Größen

- Nutzungsverluste nach erfolgtem Konsum,
- natürlicher Abbau des Abfallbestandes
- Extraktions- bzw. Rezyklierungskosten

ergeben sich unterschiedliche Effizienzregeln für die Rohstoffnutzung.

Eine Möglichkeit, in obigen Modellstrukturen Erweiterungen vorzunehmen, besteht darin, natürlichen Materialschwund als **Transformationsverluste im Rezyklierungssektor** zuzulassen. Durch Einführung des Inputfaktors Arbeit kann dieser Materialschwund über steigende Arbeitsintensitäten verringert werden. In diesem Fall ist nicht auszuschließen, dass Primär- und Abfallressourcen simultan genutzt werden. Eindeutige Aussagen zum Optimalpfad sind aufgrund des sehr hohen Allgemeinheitsgrades derartiger Modellstrukturen aber nicht mehr möglich.

Eine andere Erweiterungsmöglichkeit besteht in der Modellierung von **Kapital als Produktionsfaktor**. Wenn Kapitalgüter nicht verschleißen, aber verschrottet werden können, sind alte Maschinen und Gebäude mit ihrem gegenüber der heutigen Produktion deutlich höheren spezifischen Ressourcengehalt ökonomisch als Rohstofflager interessant, so dass der Rezyklierungssektor auch Inputs aus zum Zweck der Rohstoffrückgewinnung gezielt stillgelegten und verschrotteten Kapitalgütern erhalten kann.

Verschleißen Kapitalgüter, so ist ihre Rückführung als neue Rohstoffquelle aus technischen Gründen gesichert, allerdings ist der jeweilige Umfang der Rezyklierung ökonomisch bestimmt. Andererseits ist bekannt, dass in der Standardtheorie natürlicher Ressourcen bei Berücksichtigung von Kapitalverschleiß besondere Probleme bei unendlichem Planungszeitraum auftreten können. Die Rezyklierung nicht regenerativer Rohstoffe aus verschrotteten Kapitalgütern bietet bei einer Rezyklierungsrate kleiner Eins kein Rezept gegen die Erschöpfbarkeit der Rohstoffvorräte. In diesem Fall gilt auch bei unendlich häufiger Rezyklierung, dass die insgesamt nutzbare Ressourcenmenge nach oben beschränkt ist. Bei verschleißenden Kapitalgütern ist dann auch in einer Cobb-Douglas-Ökonomie die Ressource „essentiell", d.h. der langfristige Zusammenbruch ist unvermeidlich: $\lim_{t \to \infty} C_t = 0$.

Unter Berücksichtigung der jeweiligen Extraktionskosten, des jeweiligen natürlichen Schwunds sowie der Produktionselastizität ergeben sich für eine Rezyklierungsrate kleiner Eins komplexere Effizienzbedingungen, die aber nicht weiter untersucht werden. Im Folgenden wird die Analyse deshalb für den Fall einer Rezyklierungsrate von Eins beschränkt. Die Primärressource muss vollständig aufgebraucht werden, wonach sich eine Phase mit alleiniger Rezyklierung anschließt.

Kapitel 11: Rezyklierung und Umweltkosten

A. Einleitung

Bisher gibt es nur sehr wenige modellhafte Überlegungen zum Problembereich der Rezyklierung und Umweltverschmutzung. Wie bereits ausgeführt wurde, ist Rezyklierung per se keine saubere Aktivität, sondern verbunden mit vielfältigen Umweltwirkungen, die sich beispielsweise ergeben aus dem Energieverbrauch beim Aufbereiten von Abfällen. In Abschnitt B wird ein einfaches **Cake-Eating-Problem** skizziert, welches den Aspekt der Schädigungswirkung des Abfallbestandes berücksichtigt. In Abschnitt C wird die natürliche Ressource als Produktionsinput zur Herstellung eines Konsumgutes untersucht.

Da die natürliche Ressource im Cake-Eating-Modell direkt konsumiert wird und es im zweiten Modell nur einen variablen Inputfaktor gibt, können in diesem Kapitel Substitutionsvorgänge, die mittlerweile Standard in der Theorie natürlicher Ressourcen ohne Rezyklierung sind, nicht untersucht werden.

B. Der Einfluss von Umweltkosten auf die Ressourcenextraktion

Die Modellwirtschaft extrahiert aus zwei Beständen natürliche Ressource, die direkt konsumiert wird. Primärressource R_t wird einem endlichen Bestand S entnommen. Sie stiftet gesamtwirtschaftlichen Nutzen und wird nach vollendetem Konsum einem Abfallbestand W_t zugeführt. Mit der positiven **Selbstreinigungsrate** $\alpha_1 > 0$ wird der Abfallbestand W_t natürlichem Zerfall ausgesetzt. Die Ressourcenextraktion verursacht keine Kosten, die Rezyklierung erfolgt hingegen zu Kosten in Höhe von k pro rezyklierter Einheit. Nach erfolgter Abfallbehandlung (Reinigungsaufwendungen) kann die rezyklierte Ressource ebenfalls direkt konsumiert werden. Die Beziehungen sind in Abbildung 11.1 in Form eines Flussdiagrammes dargestellt.

Das Modell hat die folgende Struktur:

$$J = \int_0^\infty \left[U(R_t + Z_t) - U(W_t) - k \cdot Z_t \right] \cdot e^{-\delta \cdot t} \, dt \tag{11.1}$$

unter den Nebenbedingungen

$$\dot{S}_t = -R_t \tag{11.2}$$

$$\dot{W}_t = R_t - Z_t - \alpha_1 \cdot W_t \tag{11.3}$$

$$C_t = R_t + Z_t \tag{11.4}$$

$$S(0) = S_0, \quad W(0) = W_0 \tag{11.5}$$

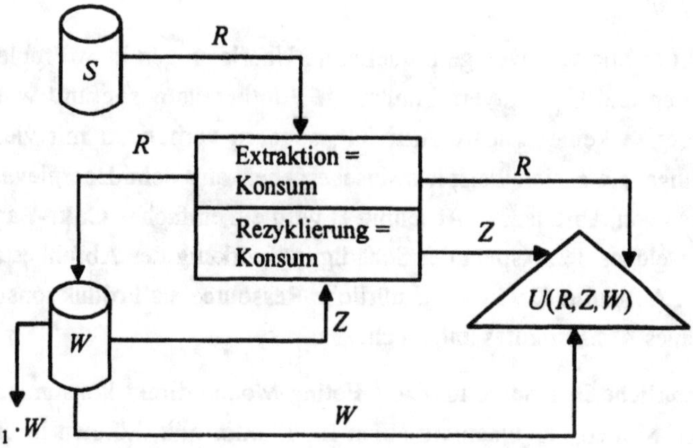

Abbildung 11.1: Das Cake-Eating-Modell

Im Folgenden sollen in Abhängigkeit von einer gegebenen Nachfragefunktion drei interessante Lösungsfälle skizziert werden. Auf eine explizite Optimierung des oben beschriebenen Systems wird dabei zugunsten einer graphischen Darstellung verzichtet. Die **Grenznutzenkurve** U_c mit $C_t = R_t + Z_t$ beschreibt dabei die Ressourcennachfrage in Abwesenheit von Umwelteinwirkungen. Sie wird zu $\left(U_C - \frac{U_W}{\delta}\right)$, wenn Umweltkosten der Ressourcennutzung entstehen, und verschiebt sich gegenüber der Ausgangslage mit zunehmenden Umwelteinwirkungen in Richtung des Ursprungs des Koordinatensystems. Die Ableitung U_W beschreibt dabei die marginalen negativen Umwelteinwirkungen, die mit der Zeitpräferenzrate δ diskontiert werden müssen, weil eine zusätzlich anfallende Abfalleinheit W heute eine marginale Schadenswirkung U_W, in der nächsten Periode $U_W \cdot (1-\delta)^2$ usw., insgesamt in Gegenwartswert-Einheiten $\frac{U_W}{\delta}$ verursacht.

Fall 1:

In Abbildung 11.2 ist die gleichgewichtige Nachfrage C_t^* größer als der Primärressourcenbestand S_0. In C_t^* gleichen sich der Grenznutzen aus Konsum U_C und der diskontierte Grenzschaden aus dem Abfallbestand $W = S_0$ zuzüglich Rezyklierungskosten k aus. Es kommt hier nicht zu einer Extraktionsphase entsprechend der

Hotelling-Regel, sondern zu einer **Randlösung**. Der gesamte Primärressourcenbestand S_0 wird in der ersten Periode extrahiert und in den Folgeperioden rezykliert.

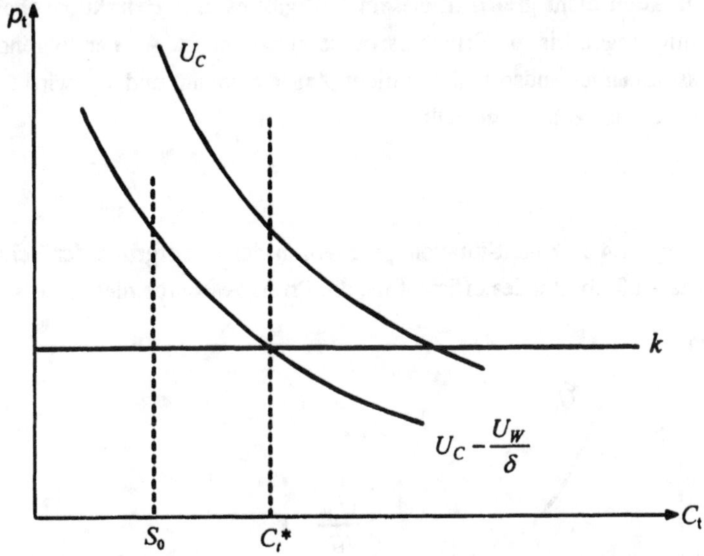

Abbildung 11.2: Begrenzung der Ressourcennutzung durch die verfügbare Menge

Fall 2:

In Abbildung 11.3 ist die gleichgewichtige Nachfrage C_t^* geringer als S_0. Gegenüber Abbildung 11.2 kommt es nun zur **inneren Lösung** mit einer gleichgewichtigen Nachfrage C_t^* zum Preis p_t^*.

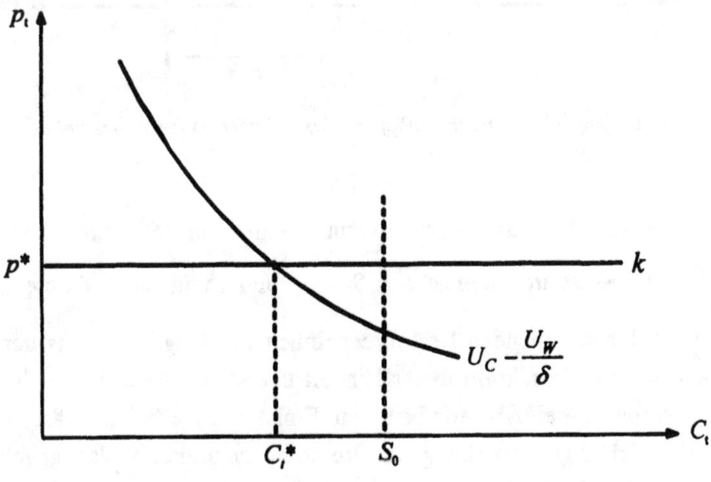

Abbildung 11.3: Extraktionsphase als innere Lösung

Es gibt keine Extraktionskosten, die Schädigungswirkung des Abfallbestandes $W = S_0$ wird als so gering angenommen, dass sie als Restriktion für die Primärressourcenextraktion nicht greift. In diesem Fall gibt es eine Extraktionsphase gemäß der Hotelling-Regel, bis die Primärressource erschöpft ist. Ab der folgenden Phase ist die Ressourcenbestandsrestriktion nicht länger bindend, und C_t^* wird über Rezyklierung zu Kosten k bereitgestellt.

Fall 3:

In Abbildung 11.4 ist eine Situation gegeben, in der es aufgrund der Schädigungswirkung des Abfallbestandes effizient ist, die Primärressource nicht zu erschöpfen.

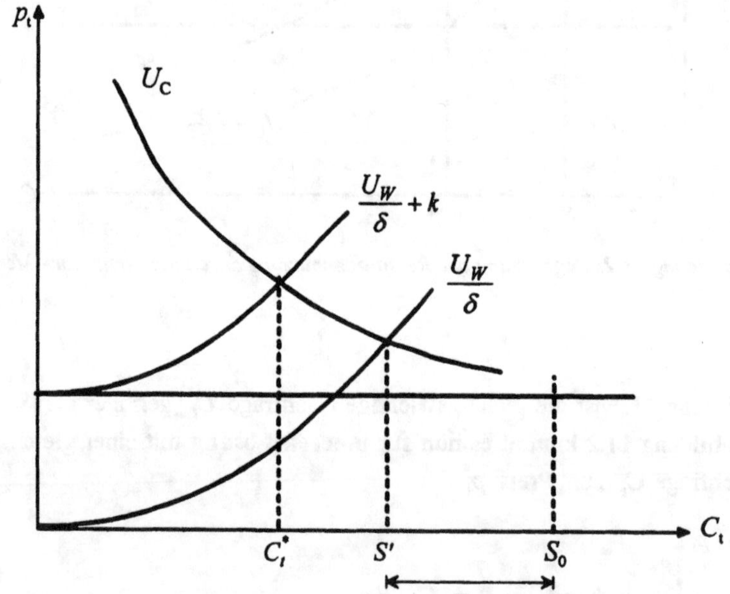

Abbildung 11.4: Nichterschöpfung des Primärressourcenbestandes

In der Phase der Primärressourcennutzung wird nur S' extrahiert, da hier $U_C = \frac{U_W}{\delta}$. Die Ressourcenmenge $\overline{S} = S_0 - S'$ bleibt ungenutzt, da die Extraktion einer über S' hinausgehenden Ressourceneinheit zur Folge hat, dass der Schaden den Nutzen aus der Extraktion dieser Einheit übersteigt. Auch wenn Erschöpfung der Primärressource bei Abwesenheit von Emissionen effizient wäre, könnte es aufgrund der Schädigungswirkung der Ressourcenextraktion also gegebenenfalls optimal sein, einen kleinen Ressourcenanteil im Boden zu belassen. Wird S nicht erschöpft, dann ist die optimale Gesamtextraktionsmenge um so kleiner, je geringer die Rezyklierungskosten sind. Wie in Abbildung 11.3 wird die Menge C_t^* zu Kosten k rezykliert. Die Bestandsrestriktion ist zu keinem Zeitpunkt bindend.

C. Natürliche Ressource als Produktionsinput

a) Das Modell

Die natürliche Ressource ist aus Gründen der Vereinfachung **einziger variabler Inputfaktor** in den Primärproduktions- beziehungsweise den Rezyklierungsprozess. Für beide Prozesse wird die gleiche Produktionsfunktion angenommen, die produzierten Konsumgüter sind vollständige Substitute. Das Modell lässt sich als Flussdiagramm wie folgt darstellen:

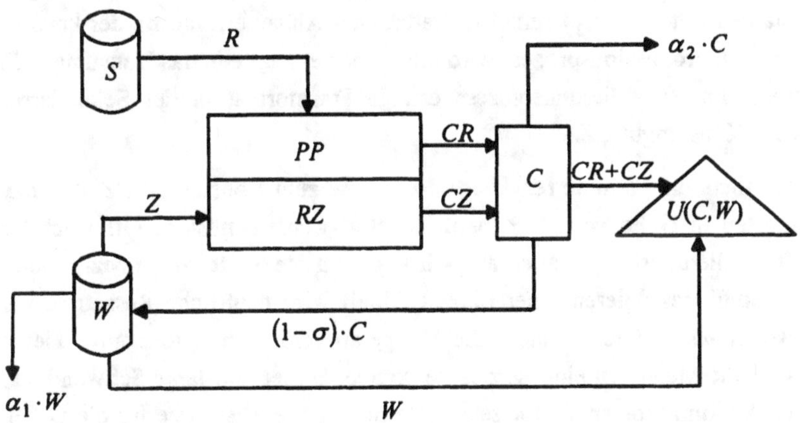

Abbildung 11.5: Das Modell mit natürlicher Ressource als Produktionsinput

Das Maximierungsproblem des gesamtwirtschaftlichen Planers hat das folgende Aussehen:

$$\max_{C_t, R_t, Z_t} J = \int_0^\infty U(C_t, W_t) \cdot e^{-\delta \cdot t}\, dt \tag{11.7}$$

unter den Nebenbedingungen

$$C_t = CR_t + CZ_t \tag{11.8}$$

$$CR_t = F(R_t) \tag{11.9}$$

$$\dot{S}_t = -R_t \tag{11.11}$$

$$\dot{W}_t = (1-\alpha_2)\cdot C_t - Z_t - \alpha_1 \cdot W_t \tag{11.12}$$

$$W_0 \geq 0,\ \ S_0 > 0,\ \ 0 < \alpha_2 < 1,\ \ 0 < \alpha_1 < 1 \tag{11.13}$$

Bezüglich der natürlichen Ressource ist obiges Modell als **Herfindahl-Problem** charakterisiert: Die Ressource ist aus zwei Beständen extrahierbar. Zu Null-Extraktionskosten aus einer Mine *S*, in welcher sie als Primärressource mit endlichem Bestand vorgegeben ist. Weiter ist sie zu positiven Kosten k als Sekundärressource *Z* aus einem Abfallbestand *W* rezyklierbar. Hieraus ergibt sich die Frage nach dem intertemporal effizienten Nutzungsprofil der natürlichen Ressource.

Die Gesellschaft wird durch die Umweltwirkungen des Abfallbestandes geschädigt, der durch Konsumabfälle aufgebaut wird, die mit der für beide Konsumgüter gleichen konstanten Rate $(1-\alpha_2)$ anfallen. Natürlicher Abbau erfolgt mit der konstanten Rate α_1. Im Produktionsprozess wird die Primärressource in das Konsumgut *CR* transformiert. Im Rezyklierungsprozess erfolgt Transformation der Sekundärressource in das Konsumgut *CZ*.

Jedoch wird nicht die gesamte rezyklierte Ressource zum Konsumgut *CZ*, da Rezyklierungskosten in Höhe von $k \cdot Z$ berücksichtigt werden müssen. Offensichtlich sind die Rezyklierungskosten auch als **Schwund im Rezyklierungsprozess** interpretierbar: Beim Rezyklieren einer Einheit Abfall wird natürliche Ressource verbraucht, wobei aus Effizienzgründen die Menge an verbrauchter Ressource kleiner sein muss als die Menge an eingesetzter Ressource. Dieser konstante Schwund lässt sich in Rezyklierungskosten k übersetzen, da produktive Ressource für die Gesellschaft verloren geht. Konstanz des Schwundes bzw. der Rezyklierungskosten ist gleichbedeutend mit einer konstanten Rezyklierungsrate.

b) Ableitung der Effizienzanforderungen

Die zum Modell (11.7) - (11.13) gehörige Lagrange-Funktion, die sich aus der um Nichtnegativitäts-Bedingungen erweiterten Hamiltonfunktion ergibt, lautet:

$$\begin{aligned} L = {} & U(C_t, W_t) \\ & -\lambda_t^1 \cdot R_t \\ & +\lambda_t^2 \cdot \left[(1-\sigma)\cdot C_t - Z_t - \alpha_1 \cdot W_t\right] \\ & +\lambda_t^3 \cdot \left[F(R_t) + F(Z_t) - k \cdot Z_t - C_t\right] \end{aligned} \tag{11.14}$$

Aus (11.14) ergeben sich die notwendigen Bedingungen (bei möglichen Randlösungen):

$$\frac{\partial \mathcal{L}}{\partial C_t} = U_C + \lambda_t^2(1-\alpha_2) - \lambda_t^3 \le 0, \qquad C_t \cdot \frac{\partial \mathcal{L}}{\partial C_t} = 0 \tag{11.15}$$

$$\frac{\partial \mathcal{L}}{\partial R_t} = -\lambda_t^1 + \lambda_t^3 \cdot F_R \le 0, \qquad R_t \cdot \frac{\partial \mathcal{L}}{\partial R_t} = 0 \tag{11.16}$$

$$\frac{\partial \mathcal{L}}{\partial Z_t} = -\lambda_t^2 + \lambda_t^3 \cdot (F_Z - k) \le 0, \qquad Z_t \cdot \frac{\partial \mathcal{L}}{\partial Z_t} = 0 \tag{11.17}$$

$$-\frac{\partial L}{\partial S_t} + \lambda_t^1 \cdot \delta = \dot{\lambda}_t^1 \qquad \Rightarrow \hat{\lambda}_t^1 = \delta \tag{11.18}$$

$$-\frac{\partial H}{\partial W_t} + \lambda_t^2 \cdot \delta = \dot{\lambda}_t^2 \qquad \Rightarrow \dot{\lambda}_t^2 = \lambda_t^2(\delta + \alpha_1) - U_W \tag{11.19}$$

Gleichungen (11.15) und (11.19) sind bereits bekannt. Die übrigen Gleichungen bedürfen der Interpretation. Gleichungen (11.16) und (11.17) zufolge muss in der jeweiligen Phase der Schattenpreis der genutzten Ressource gleich ihrem Wertgrenzprodukt sein. Aufgrund der Kostenannahmen kann eine Trennung der Nutzungsphasen vorgenommen werden. Die Extraktionsphase wird beschrieben durch $CR_t > 0$, $R_t > 0$, $CZ_t = Z_t = 0$, die Rezyklierungsphase durch $CR_t = R_t = 0$ und $CZ_t > 0$, $Z_t > 0$.

Gleichung (11.18) ist die einfachste Form der **Hotelling-Regel** für den Fall ohne Extraktionskosten und Kapitalakkumulation, wie sie auch schon aus Kapitel 2 bekannt ist. Demnach muss der in-situ-Preis der Primärressource mit der Zeitpräferenzrate steigen. Dieser Schattenpreis ist auch gleich dem Preis der extrahierten Primärressource, da keine Extraktionskosten anfallen. Interessant an (11.18) ist, dass die externen Effekte der Ressourcennutzung nicht direkt in der Hotelling-Regel zum Tragen kommen. Sie wirken sich nur auf das Niveau von λ_t^1 aus: Der Ausgangspreis λ_0^1 muss unter Berücksichtigung der externen Effekte so gesetzt werden, dass es im Übergangszeitpunkt einen stetigen Anschluss an den Anfangspreis λ_0^2 gibt, da ein **Preissprung im Phasenübergang** ineffizient wäre.

Analog ergibt sich aus (11.19) die Hotelling-Regel für die Rezyklierungsphase:

$$\hat{\lambda}_t^2 = \delta + \alpha_1 - \frac{U_W}{\lambda_t^2} \tag{11.20}$$

Analog zur Ableitung der einfachsten Hotelling-Regel (2.18) lässt sich die Logik hinter (11.20) durch Umformung deutlich machen:

$$\lambda_{t+1}^2 = \lambda_t^2 \cdot (1+\delta+\alpha_1) - U_{W_t} \tag{11.21}$$

In der Rezyklierungsphase ist λ_t^2 als **Schrottpreis für eine Abfalleinheit** interpretierbar. Wird heute eine Einheit Abfall rezykliert, ist ein Schrottpreis λ_t^2 realisierbar, der sich auf drei verschiedene Weisen verzinst:

- mit der gesellschaftlichen Zeitpräferenzrate δ, die Höherschätzung heutiger gegenüber morgiger Abfallnutzung widerspiegelt;
- mit der Zerfallsrate α_1, da eine heute rezyklierte Einheit Abfall durch Zerfall auf morgen verfügbare $(1-\alpha_1)$ schrumpfen würde. Hier äußert sich in α_1 der Produktivitätsaspekt der Abfallressource;
- wird heute eine Abfalleinheit rezykliert, ist dies verbunden mit einer marginalen Schädigungsverringerung, die als „Verzinsungseffekt" in Höhe $-U_{W_t}$ positiv zu Buche schlägt.

Heute wird eine Einheit Abfall nicht rezykliert, wenn der für morgen gültige Schrottpreis λ_{t+1}^2 den heutigen Schrottpreis unter Berücksichtigung der drei positiven Effekte übersteigt. Ist Gleichung (11.21) mit Gleichheit erfüllt, ist die Gesellschaft indifferent zwischen Rezyklierung einer Abfalleinheit heute oder morgen.

c) Der Schattenpreis für den Abfallbestand

Der Schattenpreis λ_t^2 misst einerseits mit negativem Vorzeichen, um wieviel die Schädigung steigt, wenn ein gegebener Abfallbestand um eine Einheit vergrößert wird. Zum anderen misst er mit positivem Vorzeichen den Schrottwert einer zusätzlichen Abfalleinheit, die ja über Rezyklierung produktiv eingesetzt werden kann.

Um den genauen Wert von λ_t^2 zu jedem Zeitpunkt zu erhalten, wenn beide Effekte zum Tragen kommen, ist es notwendig, diese Effekte jeweils gegeneinander aufzurechnen. Dies sei am Beispiel der Abbildung 11.6 verdeutlicht. Dabei stehe „Nutzen" für den Schrottwert des Abfalls als produktiver Rohstoff mit der Dimension [Δ Nutzen/Δ Ressource], „Schaden" für die Schädigungswirkung des Abfalls mit der Dimension [Δ Schaden/Δ Müll]. Hierbei wird aus Gründen der Veranschaulichung einmal „Δ Ressource", einmal „Δ Müll" geschrieben, beides synonym für Sekundär- bzw. Abfallressource. Im Fall (a) der Abbildung 11.6 lassen sich beide Effekte zu $\lambda_t^2 = 0$ gegeneinander aufrechnen. In (b) ergibt sich netto ein positiver Wert des Abfalls von $\lambda_t^2 = 2$, in (c) ein Nettogrenzschaden in Höhe von $\lambda_t^2 = -2$. Obige Betrachtung ist insoweit von Bedeutung, als aus ihr ersichtlich wird, dass mit einem Vorzeichenwechsel des Schattenpreises λ_t^2 nicht notwendigerweise ein Phasenübergang, hier also von der Extraktions- zur Rezyklierungsphase, stattfinden muss.

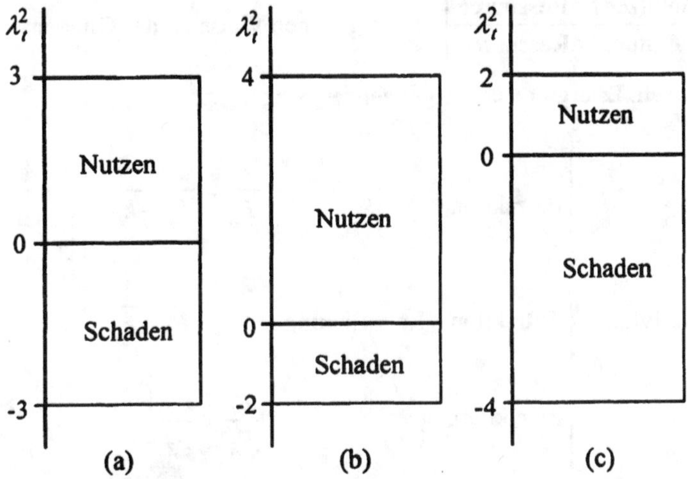

Abbildung 11.6: Der Schattenpreis λ_t^2 bei Berücksichtigung positiver und negativer Effekte des Abfallbestandes

Rezyklierung kann auch schon einsetzen, wenn λ_t^2 netto noch negativ ist. Aus (11.17) ergibt sich hierfür als Bedingung, dass $F_Z < k$. Die Schädigungswirkung des Abfalls schlägt damit so stark durch, dass bereits rezykliert wird, wenn dies relativ eine noch zu teure Aktivität ist.

d) Aussagen über den Optimalpfad

Hierzu werden (11.16) und (11.17) benötigt. Für eine innere Lösung ergibt sich $(CR, R, Z > 0)$:

$$\frac{\lambda_t^1}{F_R} = \frac{\lambda_t^2}{F_Z - k} \tag{11.22}$$

Für Randlösungen gilt:

$$\frac{\lambda_t^1}{F_R} \lesseqgtr \frac{\lambda_t^2}{F_Z - k} \tag{11.23}$$

Gilt das „>"- Zeichen, wird nur extrahiert, im anderen Fall nur rezykliert. Der Quotient λ_t^1 / F_R misst die marginale Nutzenänderung je zusätzlich mit Hilfe von Primärressource produzierter Konsumguteinheit. Für die Dimension ergibt sich: $\left[\frac{\lambda_t^1}{F_R} = \frac{\Delta\text{Nutzen} / \Delta\text{Ressource}}{\Delta\text{Output} / \Delta\text{Ressource}}\right]$ In der gleichen Weise ist der Quotient $\frac{\lambda_t^2}{(F_Z - k)}$ zu interpretieren. Es ergibt sich also folgendes Nutzungsprofil:

$$\text{Aktivität} = \begin{cases} \text{Extraktion} & \frac{\lambda_t^1}{F_R} > \frac{\lambda_t^2}{F_Z - k} \\ \text{Extraktion} + \text{Rezyklierung} & \frac{\lambda_t^1}{F_R} = \frac{\lambda_t^2}{F_Z - k} \\ \text{Rezyklierung} & \frac{\lambda_t^1}{F_R} < \frac{\lambda_t^2}{F_Z - k} \end{cases} \tag{11.24}$$

Mit (11.24) ist der **genaue Ablauf der Phasen** jedoch noch nicht festgeschrieben. Zuerst muss die billige Ressource aufgebraucht werden und danach die teurere. Nach dem Konzept der Nutzungskosten müssen die gesamten Kosten der beiden Prozesse miteinander verglichen werden. Es müssen somit die externen Effekte der beiden Aktivitäten berücksichtigt werden, wie es in (11.24) der Fall ist.

Dies sind die Verschmutzungswirkungen beider Prozesse, die Schaden für die Gesellschaft verursachen. In diesem Zusammenhang sind auch die Startwerte des Systems wichtig: Baut die Gesellschaft erst einen Abfallbestand auf oder muss sie bereits mit einem gegebenem $W_0 > 0$ leben, der noch nicht oder schon seine Schädigungswirkung entfaltet?

Des weiteren sind der Reinigungseffekt durch Rezyklierung sowie entgangene Nutzungsmöglichkeiten der Sekundärressource durch natürlichen Abbau zu berücksichtigen. In Abbildung 11.7 ist ein möglicher Entwicklungspfad des Systems dargestellt. Primärressource ist reichlich vorhanden, die Gesellschaft startet mit $W_0 = 0$.

In **Phase I** wird über Primärressourcenextraktion das Konsumgut erstellt und der Abfallbestand aufgebaut. Ist Gleichung (11.24) mit Gleichheit erfüllt, wird zusätzlich das rezyklierte Konsumgut erstellt (**Phase II**). Der Abfallbestand wird netto abgebaut, d.h. die Rückläufe aus Konsum sind geringer als die Summe aus Entnahmen für Rezyklierungszwecke und natürlichem Abbau. Ist die Primärressource erschöpft, befindet sich das System in **Phase III**. Der Abfallbestand wird gemäß der Hotelling-Regel (11.20) bis zur Erschöpfung genutzt.

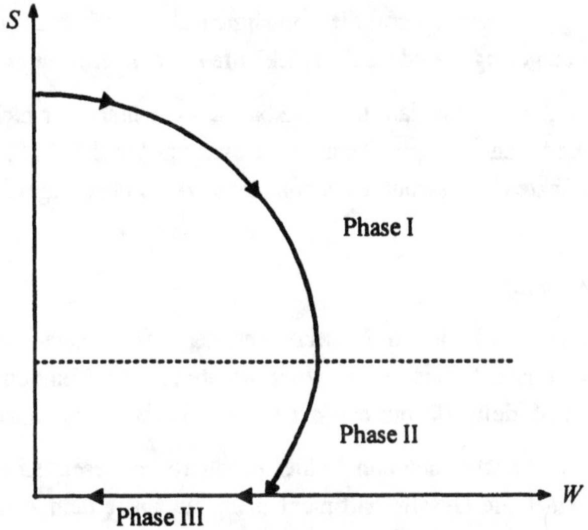

Abbildung 11.7: Systementwicklung mit Erschöpfung der Primärressource

Grundsätzlich besteht die Möglichkeit, dass aufgrund der Schadenseffekte es optimal sein kann, einen Teil der Primärressource im Boden zu lassen und mit Rezyklierung anzufangen, auch wenn bei Abwesenheit von Immissionen Erschöpfung effizient wäre. Diese Situation ist in Abbildung 11.8 zu sehen.

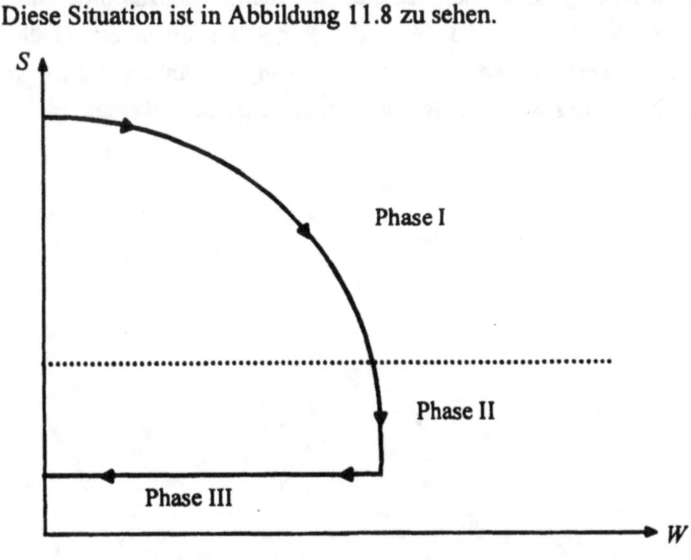

Abbildung 11.8: Systementwicklung, in der die Primärressource nicht erschöpft wird

Außerdem wird Abbildung 11.7 insoweit modifiziert, als in Phase II der Abfallbestand netto aufgebaut wird, somit die Entnahmen für Rezyklierungszwecke und der natürliche Abbau geringer sind als die Rückläufe aus dem Konsumprozess.

Es sind noch andere Konstellationen denkbar, auf die hier aber nicht weiter eingegangen wird. Es ist auch möglich, dass die Hotelling-Regel (11.18) nicht gilt, wenn die externen Effekte der Ressourcennutzung zu stark durchschlagen.

D. Zusammenfassung

Werden die beiden diskutierten Zielsetzungen der Abfallbehandlungsaktivitäten in einem Modell erfasst, kommt es zu einer wichtigen Modifikation gegenüber den Ergebnissen der Modelle, die nur eine der beiden Zielsetzungen untersuchen:

Wirkt die Endlichkeitsbeschränkung einer produktiv eingesetzten natürlichen Ressource, dann leidet die Gesellschaft nicht mehr nur unter dem Abfall, sondern sie bewertet ihn auch als Rohstofflager. Diesen Wechsel der Wertschätzungen des Abfallbestandes spiegelt auch die Interpretation des korrespondierenden Schattenpreises wider: Ist die Ressource noch reichlich vorhanden, überwiegt die Schädigungswirkung des Abfallbestandes, und der zugehörige Schattenpreis ist negativ. Er wechselt jedoch das Vorzeichen, wenn die Produktivitätsseite des Abfalls überwiegt.

Eine weitere wichtige Erkenntnis ist die, dass die Effizienzanforderung (2.18), wonach für Extraktionskosten von Null der Primärressourcenbestand über den Planungshorizont zu erschöpfen ist, nicht mehr uneingeschränkt gültig ist, wenn externe Effekte der Nutzung natürlicher Ressourcen berücksichtigt werden.

Kapitel 12: Optimale Extraktion und Abfallbehandlung

A. Einleitung

In diesem Kapitel wird ein Rezyklierungsmodell diskutiert, in dem die Produktion mithilfe von zwei variablen Inputfaktoren erfolgt, natürlicher Ressource und Kapital. In den bisherigen Modellen vergrößert Ressourcenextraktion die gegenwärtige Produktion und damit gegenwärtige Konsummöglichkeiten auf Kosten zukünftiger Möglichkeiten. Durch Berücksichtigung der Bestandsgröße Kapital ist es hingegen möglich, heutige Konsummöglichkeiten durch Kapitalakkumulation über Investitionen zu verringern, wodurch in der Zukunft die Produktion vergrößert werden kann.

Das damit verbundene Allokationsproblem besteht in der Entscheidung über die intertemporal effiziente Substitution von Primär- beziehungsweise Sekundärressource durch Sachkapital. Hieraus ergibt sich ein Brückenschlag zu den Modellen der neoklassischen Theorie natürlicher Ressourcen ohne Rezyklierungsmöglichkeit in Kapitel 10 des vorliegenden Lehrbuches. In Abschnitt B wird die Möglichkeit der Endlagerung von Abfall in Ergänzung zur Rezyklierung näher betrachtet. Es wird eine Ableitung der optimalen Pfade zur Beseitigung von Abfall vorgenommen, wobei endgelagerte Rückstände einer Nutzung im ökonomischen Prozess nicht mehr zugeführt werden. Alternative Anfangsbedingungen werden in Abschnitt C kurz dargelegt.

B. Struktur des Endlagerungsmodells

Aus Gründen der Vereinfachung wird ein natürlicher Abbau des Abfallbestandes W_t vernachlässigt. Neben der natürlichen Ressource dient auch der Kapitalstock K_t als Input in den Produktionsprozess. Das Sozialprodukt Y_t wird mit Hilfe der Inputfaktoren Kapital K_t, der Primärressource R_t sowie des Rezyklierungsproduktes Z_t, das über **Abfallrezyklierung** dem System als Sekundärressource wieder zugeführt wird, erstellt. Das Sozialprodukt Y_t wird verwendet für das Konsumgut C_t, Investitionen in den Kapitalstock $I_t = \dot{K}_t$, sowie für Ausgaben für die Rezyklierung $c_Z \cdot Z_t$ und Endlagerung $c_A \cdot A_t$. Es wird ferner angenommen, dass $c_A < c_Z$ ist, damit die Endlagerung überhaupt als Alternative zur Rezyklierung in Erwägung gezogen wird. Für $c_A \geq c_Z$ wäre die Problemstellung nämlich trivial:

Da die Sekundärressource Z_t produktiv eingesetzt werden kann, würde nur rezykliert; Endlagerung wäre hingegen in keiner Situation in Betracht zu ziehen. Der

Abfallbestand baut sich durch diejenigen Abfälle auf, die im Produktionsprozeß als Verschnitt anfallen. Der Einfachheit halber entspricht der Abfall einem konstanten Anteil α an eingesetzter Primär- und Sekundärressource $(R_t + Z_t)$. Der Abfallbestand verringert sich um den Teil Z_t, der über Rezyklierung in einem Produktionsinput transformiert wird. Der weitere Teil A_t wird endgelagert. Endlagerung ist so zu verstehen, daß die Abfälle auf eine Deponie kommen, nicht weiter verfügbar sind und auch nicht weiter als Belastung empfunden werden. Der Rohstoffbestand S_t verringert sich in jedem Zeitpunkt um die extrahierte Ressourcenmenge R_t. Die Extraktion der Ressource verursacht keine Kosten.

Das System läßt sich im Flussdiagramm wie folgt darstellen:

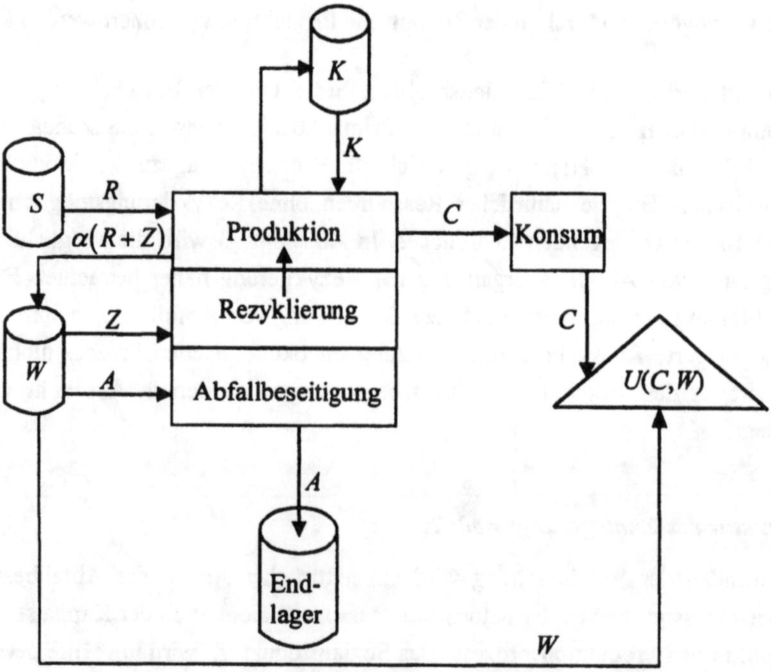

Abbildung 12.1: Die Struktur des Endlagerungsmodells

Es wird eine additive Nutzenfunktion angenommen, die durch folgende Annahmen gekennzeichnet ist:

$$\frac{\partial U}{\partial C} > 0, \frac{\partial U}{\partial W} < 0 \quad \frac{\partial^2 U}{\partial C^2} < 0, \frac{\partial^2 U}{\partial W^2} < 0,$$

$$\lim_{C \to 0} U(C) = -\infty, \quad \lim_{C \to \infty} U(C) = 0$$

Das Maximierungsproblem, dem sich ein gesamtwirtschaftlicher Planer gegenüber-sieht, hat die folgende Struktur:

$$\max_{C,R,A,Z} J = \int_0^\infty U(C_t, W_t) \cdot e^{-\delta t} \, dt \tag{12.1}$$

unter den Nebenbedingungen:

$$Y_t = F(K_t, R_t + Z_t) \tag{12.2}$$

$$\dot{K}_t = Y_t - C_t - c_Z \cdot Z_t - c_A \cdot A_t \tag{12.3}$$

$$\dot{W}_t = -Z_t + \alpha(R_t + Z_t) - A_t \tag{12.4}$$

$$\dot{S}_t = -R_t \tag{12.5}$$

sowie

$$0 < c_A < c_Z, \quad 0 < \alpha < 1$$

$$W_0 \geq 0, \quad S_0 > 0, \quad K_0 > 0$$

Es wird unterstellt, dass die Produktionsfunktion (12.2) linear-homogen ist.

a) Ableitung der notwendigen Bedingungen für ein Optimum

Da die Nebenbedingung (12.3) zu jedem Zeitpunkt t erfüllt sein muß, wird die allgemeine Hamiltonfunktion als Lagrangefunktion aufgestellt. Sie hat in laufenden Werten das folgende Aussehen:

$$\begin{aligned} L = {} & U(C_t, W_t) \\ & + \lambda_t^1 \cdot [\alpha(R_t + Z_t) - Z_t - A_t] \\ & + \lambda_t^2 \cdot [F(K_t, R_t + Z_t) - C_t - c_Z \cdot Z_t - c_A \cdot A_t] \\ & - \lambda_t^3 \cdot R_t \\ & + \lambda_t^4 \cdot Z_t \\ & + \lambda_t^5 \cdot A_t \\ & + \lambda_t^6 \cdot R_t \end{aligned} \tag{12.6}$$

Aus der Modellstruktur ergeben sich die Zustandsvariablen als K_t, S_t und W_t. Die Kontrollvariablen des Optimierungsproblems sind C_t, R_t, A_t und Z_t.

Nachfolgend sind die notwendigen Bedingungen für ein Optimum wiedergegeben, wobei auf den Zeitindex t verzichtet wird:

Bedingung	Allgemein	für innere Lösungen	
$\partial\mathcal{L}/\partial\mathcal{C}=0$	$\lambda_t^2=U_C$	$\lambda_t^2=U_C$	(12.7)
$\partial\mathcal{L}/\partial\mathcal{R}=0$	$\lambda_t^2F_R+\lambda_t^1\alpha-\lambda_t^3+\lambda_t^6=0$	$\lambda_t^2F_R+\lambda_t^1\alpha-\lambda_t^3=0$	(12.8)
$\partial\mathcal{L}/\partial\mathcal{A}=0$	$\lambda_t^1=-\lambda_t^2c_A+\lambda_t^5$	$\lambda_t^1=-\lambda_t^2c_A$	(12.9)
$\partial\mathcal{L}/\partial\mathcal{Z}=0$	$\lambda_t^2(F_Z-c_Z)+$ $\lambda_t^1(\alpha-1)+\lambda_t^4=0$	$\lambda_t^1(F_Z-c_Z)+$ $\lambda_t^2(\alpha-1)=0$	(12.10)
$-\partial\mathcal{L}/\partial\mathcal{K}+\delta\lambda_t^2=\dot{\lambda}_t^2$	$-\hat{\lambda}_t^2=F_K-\delta$	$-\hat{\lambda}_t^2=F_K-\delta$	(12.11)
$-\partial\mathcal{L}/\partial\mathcal{S}+\delta\lambda_t^3=\dot{\lambda}_t^3$	$\dot{\lambda}_t^3=\delta$	$\dot{\lambda}_t^3=\delta$	(12.12)
$-\partial\mathcal{L}/\partial\mathcal{W}+\delta\lambda_t^1=\dot{\lambda}_t^1$	$\dot{\lambda}_t^1=\delta\lambda_t^1-U_W$	$\dot{\lambda}_t^1=\delta\lambda_t^1-U_W$	(12.13)

Die Bedeutung der Gleichungen (12.7) und (12.11)-(12.13) ist aus früheren Kapiteln bekannt. Die Gleichungen (12.8)-(12.10) bedürfen der Interpretation:

$$\lambda_t^2F_R+\lambda_t^1\alpha-\lambda_t^3 \qquad (12.8)$$

Der **produktive Einsatz** einer marginalen Einheit Primärressource R_t ist nach Gleichung (12.8) **effizient**, wenn die mit diesem Einsatz verbundenen Nutzungskosten gleich sind dem bewerteten Grenznutzen aus dem produktiven Einsatz dieser Ressourceneinheit zuzüglich dem Nettogrenzschaden (wegen $\lambda_t^1<0$), welcher mit der Vergrößerung des Abfallbestandes W_t verbunden ist.

Die Gleichung (12.9) in Verbindung mit (12.7) führt zu:

$$\lambda_t^1=-c_AU_C \qquad (12.14)$$

Entprechend der Gleichung (12.14) ist eine **Endlagerung dann effizient**, wenn die Kosten der Endlagerung einer Abfalleinheit dem Schaden aus dieser Abfalleinheit gleich sind. Letzterer ist mit den Kosten der Erstellung einer marginalen Einheit des Konsumgutes bewertet. Wird Gleichung (12.9) umgeformt zu:

$$\lambda_t^1 = \lambda_t^2\left(F_Z - c_Z\right) + \lambda_t^1 \alpha \tag{12.15}$$

zeigt sich die Analogie zu Gleichung (12.8) für den Fall des **produktiven Einsatzes** einer marginalen Einheit **Sekundärressource** Z_t. Aus den Gleichungen (12.7)-(12.13) ergeben sich die Effizienzbedingungen:

Die **Hotelling-Regel bei Primärressourcenextraktion**:

$$\hat{F}_R = F_K \tag{12.16}$$

Die **Hotelling-Regel bei Extraktion und bei Endlagerung**:

$$\left(F_R - c_A \cdot \alpha\right) = F_K \tag{12.17}$$

Die **Hotelling-Regel bei Rezyklierung**:

$$\left(F_Z - c_Z\right) = F_K - \frac{(1-\alpha)U_W}{U_C\left(F_Z - c_Z\right)} \tag{12.18}$$

Die Optimalitätsbedingung in Form der **Ramsey-Regel**:

$$\hat{C} = \frac{\left(F_K - \delta\right)}{\eta} \tag{12.19}$$

Gleichung (12.16) ist die hinreichend bekannte Standard-Hotelling-Regel, wenn keine Extraktions- und Deponiekosten anfallen. Sie erfordert, daß auf einem effizienten Pfad die natürliche Ressource fortlaufend durch Kapital substituiert werden muß. Gleichung (12.17) ist am leichtesten über Umformung zu interpretieren:

$$\left(F_{R_t} - c_A \cdot \alpha\right) \cdot \left(1 + F_{K_{t+1}}\right) = F_{R_{t+1}} - c_A \cdot \alpha \tag{12.20}$$

Die Gesellschaft steht vor der Entscheidung, in der Periode t oder $t+1$ eine Ressourceneinheit zu extrahieren und als Produktionsinput zu verwenden. Wird die Einheit in t verbraucht, ergeben sich folgende **positive Effekte**:

(1) Das Sozialprodukt erhöht sich in t um $F_{R_t} - c_A \cdot \alpha$.

(2) Dadurch wird eine Mehrinvestition in gleicher Höhe möglich, wenn das Mehrprodukt nicht konsumiert wird.

(3) Es ergibt sich in $t+1$ eine Kapitalstockerhöhung um $F_{R_t} - c_A \cdot \alpha$.

(4) Die Mehrinvestition in t macht eine Mehrinvestition in t+1 nicht erforderlich. Es ergibt sich ein möglicher Mehrkonsum in $t+1$ von $F_{R_t} - c_A \cdot \alpha$.

(5) Der Mehrkapitalstock produziert in $t+1$ ein um $F_{K_{t+1}} \cdot \left(F_{R_t} - c_A \cdot \alpha\right)$ höheres Sozialprodukt.

(6) Diese Sozialprodukterhöhung ermöglicht wiederum einen Mehrkonsum in $t+1$ von $F_{K_{t+1}} \cdot \left(F_{R_t} - c_A \cdot \alpha\right) \cdot \left(1 + F_{K_{t+1}}\right)$

Diesen positiven Effekten (linke Seite von Gleichung (12.20)) stehen als **negative Auswirkungen** (rechte Seite von Gleichung (12.20)) gegenüber:

(1) Die Ressourceneinheit ist in $t+1$ nicht mehr nutzbar.

(2) Es ergibt sich daraus eine Verminderung des Sozialproduktes um $F_{R_{t+1}} - c_A \cdot \alpha$ sowie

(3) eine Verminderung des Konsums in t+1 um $F_{R_{t+1}} - c_A \cdot \alpha$.

Ist $F_{K_{t+1}} \cdot \left(F_{R_t} - c_A \cdot \alpha\right) \cdot \left(1 + F_{K_{t+1}}\right)$ größer als $\left(F_{R_{t+1}} - c_A \cdot \alpha\right)$, wird die Ressourceneinheit in t genutzt; bei Gültigkeit einer Kleiner-Relation wird sie in $t+1$ genutzt. Die Effekte sind in Tabelle 12.1 zusammengefaßt:

t	$t+1$	Konsum in $t+1$
Verbrauch einer zusätzlichen Ressourceneinheit ← ↓	Vorverlagerung der Nutzung einer zusätzlichen Ressourceneinheit ↓	
Sozialprodukt steigt um $F_{R_t} - c_A \cdot \alpha$ ↓	Sozialprodukt sinkt um $F_{R_t} - c_A \cdot \alpha$ →	Verminderung des Konsums um $F_{R_{t+1}} - c_A \cdot \alpha$
zusätzliche Investition in Höhe $F_{R_t} - c_A \cdot \alpha$ →	Erhöhung des Kapitalstocks um $F_{R_t} - c_A \cdot \alpha$ → ↓	nicht erforderliche Mehrinvestition = mögliche Konsumsteigerung um $F_{R_{t+1}} - c_A \cdot \alpha$
	Produktionssteigerung um $F_{K_{t+1}} \cdot \left(F_{R_t} - c_A \cdot \alpha\right)$ →	Konsumsteigerung um $F_{K_{t+1}} \cdot \left(F_{R_t} - c_A \cdot \alpha\right)$

Tabelle 12.1: Verlagerung einer Primärressourceneinheit von t+1 nach t bei Endlagerung (Hotelling-Regel (12.20))

Intertemporale Effizienz ist erst dann gegeben, wenn Gleichung (12.23) mit Gleichheit erfüllt ist. Bis dahin kommt es zu Umschichtungen in der Ressourcennutzung. Die Analogie von Gleichung (12.20) zur Hotelling-Regel mit konstanten Extraktionskosten ist offensichtlich. Die Hotelling-Regel (12.21) wird ebenfalls leichter interpretierbar über eine Umformung:

$$\underbrace{F_{Z_{t+1}} - c_Z}_{I} = \underbrace{\left(F_{Z_t} - c_Z\right)\cdot\left(1 + F_{K_{t+1}}\right)}_{II} - \underbrace{\frac{(1-\alpha)U_{W_t}}{U_{C_t}}}_{III} \tag{12.21}$$

Die Terme I und II sind für den Rezyklierungsfall in Analogie zur Interpretation von Gleichung (12.20) zu sehen:

- Term I gibt den Mehrkonsum morgen an, wenn eine zusätzliche Ressourceneinheit erst in $t+1$ rezykliert wird. Dies entspricht dem Minderkonsum heute.
- Term II gibt die Produktionserhöhung an, wenn eine zusätzliche Ressourceneinheit heute rezykliert wird.
- In Term III kommt der Schadensaspekt des Abfallbestandes zum Tragen:

Durch Aufspalten werden die gegenläufigen Effekte leichter verstehbar:

$$\underbrace{-\frac{U_W}{U_C}}_{IIIa} + \underbrace{\frac{\alpha U_W}{U_C}}_{IIIb} \tag{12.22}$$

- Der Term *IIIa* gibt die **positive Wirkung** durch Reduzierung des Abfallberges um eine Einheit Ressource an. Die Wirkung ist positiv, da U_W in sich negativ ist. Auf die von der Hotelling-Regel geforderte Substitution von natürlicher Ressource durch Kapital wirkt dieser Term beschleunigend.
- Term *IIIb* kennzeichnet den **negativen Effekt**, der sich dadurch ergibt, daß mit dem produktiven Einsatz einer rezyklierten Abfalleinheit heute ein Rückfluß von α -Einheiten $(\alpha < 1)$ Ressource verbunden ist. Der Substitutionsprozess wird hierdurch verlangsamt.

Die Ableitung $U_W / U_C = dC / dW$ ist auch als **Rohstoffpreis** aus der Sicht der Gesellschaft interpretierbar: Sie spiegelt die Bereitschaft wider, Sozialprodukt für die Abfallrezyklierung beziehungsweise Reduzierung des Abfallbestandes zu opfern. Gleichung (12.19) ist wieder die **Ramsey-Regel**, eine Optimalitätsbedingung für eine utilitaristische Zielfunktion in Modellen, die Kapitalakkumulation zulassen. Sie gibt an, wie sich der Konsum auf dem Optimalpfad entwickeln muß: Solange in Nutzeneinheiten gemessen die Grenzproduktivität des Kapitals größer ist als die

Zeitpräferenzrate, werden Konsummöglichkeiten in die Zukunft verlagert, und die Wachstumsrate des Konsums ist positiv. In Tabelle 12.2 sind die Ergebnisse abschließend zusammengefaßt:

	Extraktionsphase	Endlagerungsphase	Rezyklierungsphase
Notwendige Bedingungen für das Optimierungsproblem	$\partial L / \partial R = 0$ $\partial L / \partial A < 0$ $\partial L / \partial Z < 0$ $\lambda_t^5 > 0$ $\lambda_t^6 = 0$ $\lambda_t^4 > 0$	$= 0$ $= 0$ < 0 $= 0$ $= 0$ > 0	< 0 < 0 $= 0$ > 0 > 0 $= 0$
Aktivitäten	$R > 0$ $A = 0$ $Z = 0$	> 0 > 0 $= 0$	$= 0$ $= 0$ > 0
Hotelling-Regeln	$\hat{F}_R = F_K$	$(F_R - c_A \cdot \alpha) = F_K$	$(F_Z - c_Z) = F_K - \frac{(1-\alpha)U_W}{U_C(F_Z - c_Z)}$
Ramsey-Regel	$\hat{C} = \frac{(F_K - \delta)}{\eta}$	$\hat{C} = \frac{(F_K - \delta)}{\eta}$	$\hat{C} = \frac{(F_K - \delta)}{\eta}$

Tabelle 12.2: Zusammenfassung der bisherigen Modellergebnisse

b) Mögliche Entwicklungsphasen des Systems

Neben den drei bereits abgeleiteten Kombinationen der verschiedenen Modellaktivitäten sind noch weitere Fälle denkbar, die im folgenden kurz untersucht werden:

	Fall 1	2	3	4	5	6	7	8
R	>0	>0	>0	>0	$=0$	$=0$	$=0$	$=0$
A	$=0$	>0	$=0$	>0	$=0$	>0	$=0$	>0
Z	$=0$	$=0$	>0	>0	$=0$	$=0$	>0	>0

Tabelle 12.3: Hypothetische Entwicklungsphasen

Von vornherein können die Fälle 3, 4, 5, 6 und 8 ausgeschlossen werden. In **Fall 3** würde gleichzeitig extrahiert und rezykliert, nicht aber endgelagert. Da sich die Gesellschaft hier in einer Phase mit Primärressourcenextraktion befindet, ist der Schrottpreis, der den ökonomischen Wert des Abfalls als Produktionsinput widerspiegelt, noch vernachlässigbar. Rezykliert wird nur, wenn die Differenz aus Rezyklierungskosten und Schrottpreis kleiner ist als die Endlagerungskosten. Da unter Vernachlässigung des Schrottpreises Endlagerung die billigere Alternative ist, würde in diesem Fall nicht rezykliert.

Die Überlegungen zu Fall 3 schließen **Fall 4** auf einem Intervall aus. Er kann also höchstens in einem (Übergangs-) Zeitpunkt gelten. Anhand von Abbildung 12.2 lässt sich dies einfach zeigen: Von links an diesen Zeitpunkt herangehend wird die letzte Einheit Ressource verbraucht, und es wird noch eine Einheit Abfall endgelagert. Rechtsseitig dieses Zeitpunktes T_2 wird die erste Einheit Abfall rezykliert. Dadurch ergibt sich für den Fall 4 im angesprochenen (Übergangs-) Zeitpunkt eine Unstetigkeitsstelle, die eine diskrete Betrachtungsweise erfordert. Für das vorliegende, zeitkontinuierliche Modell schließen wir diesen Fall somit aus.

Im **Fall 5** wäre überhaupt keine Ressource mehr verfügbar. Da sie aber produktionsnotwendig ist (Substitutionale Produktionsfunktion mit Inada-Bedingungen) und $\lim_{C \to 0} U(C) = -\infty$, ist dieser Fall für die betrachtete Modellökonomie nicht plausibel.

Im **sechsten Fall** muß bei (positiver) Endlagerung wenigstens die Sekundärressource verfügbar sein. Ohne Nutzung von Primär- bzw. Sekundärressource wäre es aufgrund der Inada-Bedingungen für die Produktionsfunktion nicht möglich zu produzieren. Wegen der Annahmen über die Nutzenfunktion würde deshalb nicht die Sekundärressource endgelagert, sondern im Produktionsprozeß eingesetzt. Die Grenzproduktivität der Ressource (abzüglich Rezyklierungskosten) ist hier größer als die Endlagerungskosten, Endlagerung erfolgt nicht.

Im **Fall 8** ist die Primärressource erschöpft. Die Gesellschaft muß nun rezyklieren, um produzieren zu können. Endlagerung ist zwar billiger als Rezyklierung, dient aber nur als Alternative hinsichtlich des Leidens unter dem Abfallbestand. Eine Verringerung des Leidens wird aber auch über Rezyklierung erreicht.

Es verbleiben als **sinnvoll somit die Fälle 1, 2 und** 7, die oben diskutiert wurden. Im Rahmen eines Gedankenexperimentes sind mehrere hypothetisch (interessante) Ausgangssituationen denkbar, von denen eine im folgenden ausführlich diskutiert wird. Auf eine alternative Situation wird am Ende des Kapitels kurz eingegangen.

c) Eine intertemporal optimale Systementwicklung

In der nun untersuchten Ausgangssituation des Systems ist die Umwelt noch „sauber", und ein großer Ressourcenbestand ist gegeben.

Fall 1 steht gleichzeitig für die **erste Phase des Systems**. Die Ressource ist produktionsnotwendig, Extraktion billiger als Rezyklierung. Es wird also nur extrahiert. Abfälle werden nicht endgelagert, da die Verschmutzung durch Abfallakkumulation noch nicht als störend empfunden wird, andererseits Endlagerung mit Kosten verbunden ist. Das Modell impliziert, dass Schädigungswirkungen bereits mit der ersten anfallenden Abfalleinheit verbunden sind. Die Effekte müssen jedoch insoweit als störend empfunden werden, dass Gegenmaßnahmen in Form von Abfallbehandlung angezeigt sind.

Fall 2 erfaßt zum einen einen **Übergangszeitpunkt** T_1, in dem extrahiert wird, der Abfallbestand aber bereits so groß ist, daß er als störend empfunden wird, so daß Endlagerung der Abfälle beginnt. In der **zweiten Phase des Systems** verhält sich die Gesellschaft wie im Übergangszeitpunkt T_1. Es ist noch ein hoher Ressourcenvorrat vorhanden, die Grenzproduktivität der Ressource zuzüglich der Endlagerungskosten kleiner als die Rezyklierungskosten: Es erfolgen Extraktion und Endlagerung.

Die Primärressource wird nicht mehr genutzt, Endlagerung findet nicht statt. Es werden nun rezyklierte Abfälle als Input in den Produktionsprozeß genutzt. In Abbildung 12.2 ist die qualitative Entwicklung des Systems abgebildet. t_0 kennzeichnet den Startzeitpunkt des Systems mit gegebenen Anfangswerten für den Ressourcenbestand und den Kapitalbestand. In T_1 erfolgt der Übergang von der reinen Extraktionsphase zur Extraktionsphase mit Endlagerung. T_2 ist der **Übergangszeitpunkt zur Rezyklierungsphase.**

In Phase 1 wird mit fallender Rate extrahiert (gemäß Hotelling-Regel (12.19)). Mit der konstanten Rate α fällt im Produktionsprozeß Abfallressource an, die auf dem Abfallbestand W_t gelagert wird. Ist der Nettogrenzschaden des mit einer zusätzlichen, produktiv verwendeten Ressourceneinheit verbundenen Abfallanteils gleich den Endlagerungskosten (als Durchschnitts- oder Grenzkosten c_A), erfolgt der Übergang in die zweite Phase mit Primärressourcenextraktion und Endlagerung. Da separable Einzelnutzen angenommen werden (der Grenzschaden hängt nur vom Abfallbestand ab), bleibt in der Endlagerungsphase (Phase 2) der Abfallbestand konstant. Deshalb und aufgrund der fallenden Extraktionsrate ist die Rate der Endlagerung von Abfallressource abnehmend. Es wird in Phase 2 jeweils der aktuelle Abfallanteil αR endgelagert. Der Endlagerungspfad hat in Abbildung 12.2 somit das gleiche Aussehen wie der zugehörige Primärressourcenextraktionspfad, liegt aber vom Niveau her etwas tiefer.

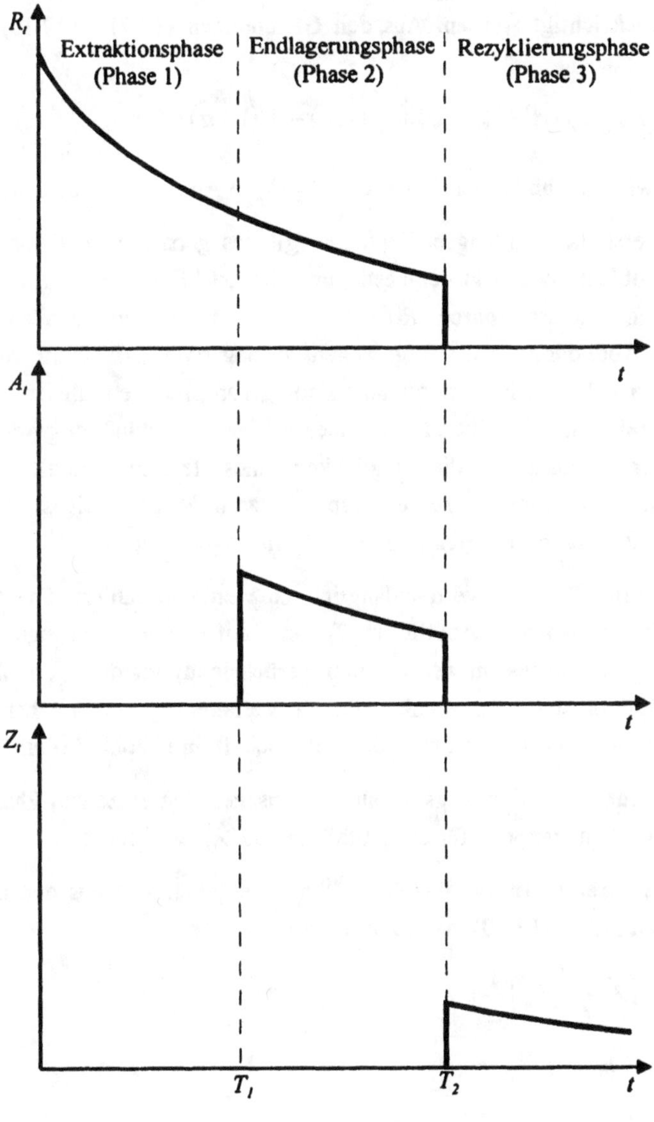

Abbildung 12.2: Intertemporal optimale Entwicklung des Endlagerungsmodells

Aus Effizienzgründen darf es im Übergangszeitpunkt T_2 nicht zu einem **Sprung im Konsum** kommen. Erschöpfung der Primärressource hätte zur Folge, daß die Produktion kurzzeitig auf Null ginge und es in T_2 zu einem Sprung in Höhe der ersten rezyklierten Abfalleinheit käme. Es muß in T_2 Gleichheit zwischen den Nettogrenznutzen aus dem produktiven Einsatz einer Einheit Primär- bzw. Sekundärressource bestehen. Neben den Konsumgrenznutzen müssen also alle anfallenden Kosten und Nutzen berücksichtigt werden. Aus den Gleichungen (12.7) - (12.10) ergibt sich damit für T_2:

$$U_C\left(F_R - c_A \cdot \alpha\right) - \lambda_t^3 = U_C\left(F_Z - c_Z\right) - \lambda_t^1(1-\alpha) \tag{12.23}$$

In Phase 3 wird gemäß Hotelling-Regel (12.21) die Abfallressource genutzt.

Für die unterstellten Anfangsbedingungen gibt es genau einen Optimalpfad. Das Ausgangsproblem besteht in der Festlegung der „richtigen" anfänglichen Extraktionsmenge an Primärressource $R(t=0) = R_0$. Wird R_0 zu hoch angesetzt, d.h. $R_0' > R_0$ in Abbildung 12.3, erfolgt wegen der negativen Effekte zu früh der Übergang auf Phase 2. Es wird eine zu hohe Endlagerungsmenge realisiert, und der Abfallbestand reicht in T_2 nicht aus, um einen stetigen Anschluß zu gewährleisten. Es besteht zwar grundsätzlich die Möglichkeit eines stetigen Anschlusses, aber der Abfallbestand wird dann zu früh erschöpft. Letztere Möglichkeit ist für Phase 3 in Abbildung 12.3 durch die strich-punktierte Linie angedeutet.

Ist andererseits $R_0'' < R_0$, wird anfänglich zu wenig extrahiert. Die Gesellschaft akkumuliert sehr langsam Abfälle, in T_2 setzt auf einem zu geringen Niveau die Rezyklierung ein. Insgesamt werden unter Berücksichtigung der Wohlfahrtsfunktion Konsummöglichkeiten „verschenkt". Durch Verlagerung von nutzbaren Ressourceneinheiten in die Gegenwart kann die Gesellschaft ihre Wohlfahrt erhöhen.

Zur Bestimmung der Übergangszeitpunkte zwischen den einzelnen Phasen wird im folgenden der Schattenpreis für den Abfallbestand λ_t^1 untersucht:

Die **Schattenpreise für die einzelnen Phasen** ergeben sich aus den notwendigen Bedingungen (12.8)-(12.10) in der Phase 1 zu

$$\lambda_t^1 = \left(\lambda_t^3 - \lambda_t^2 F_R\right)\frac{1}{\alpha} \tag{12.24}$$

in der Phase 2 zu:

$$\lambda_t^1 = -\lambda_t^2 c_A \tag{12.25}$$

und in der Phase 3 zu:

$$\lambda_t^1 = \frac{\lambda_t^2\left(F_Z - c_Z\right)}{1-\alpha} \tag{12.26}$$

In den **Übergangszeitpunkten** besteht Gleichheit zwischen den Schattenpreisen der jeweiligen Phasen.

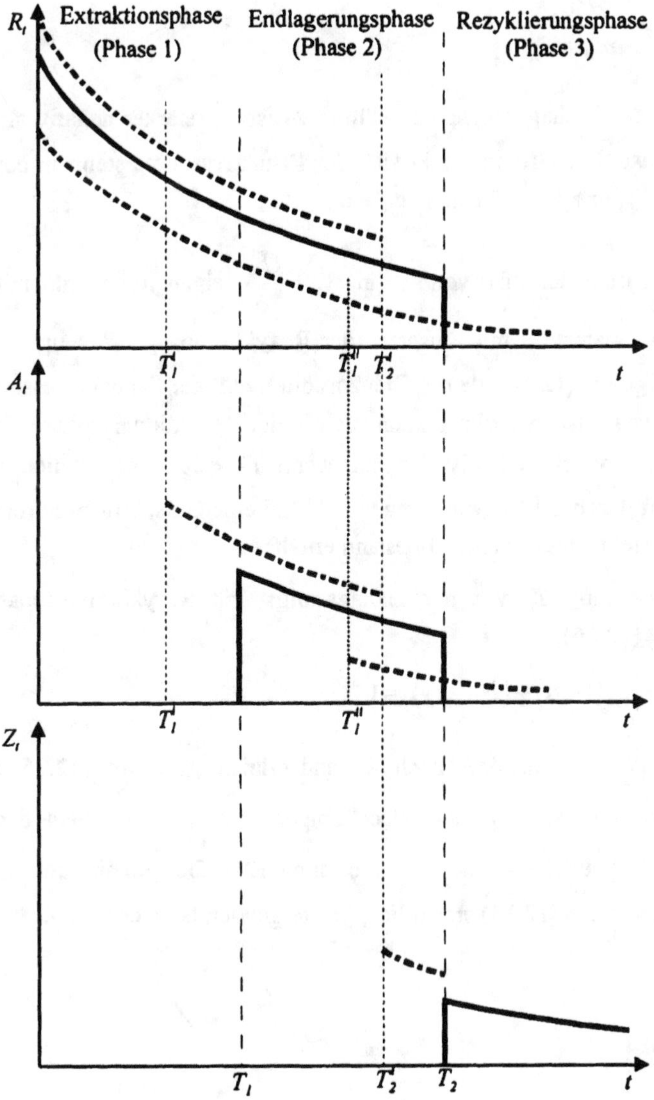

Abbildung 12.3: Suboptimale Entwicklungspfade

In Phase 1 ist $\lambda_t^1 < 0$. Annahmegemäß bewertet die Gesellschaft anfänglich den Schaden gering. In (12.16) ist U_W noch relativ gering, und $\dot{\lambda}_t^1 < 0$. In diesem Fall wäre U_W eine Gerade der Form $U_W = -u - vt$. Damit genügt sie der allgemeinen funktionalen Struktur einer Geraden der Form: $F(x) = y = a - bx$. Aus (12.24) und (12.25) folgt für den ersten Übergangszeitpunkt:

$$\lambda_{T_1}^1 = \frac{\lambda_t^3 c_A}{\alpha c_A - F_R} \tag{12.27}$$

Zu Beginn der Endlagerungsphase (Phase 2) ist λ_t^1 stärker negativ als in der Extraktionsphase. Die Grenzproduktivität der Primärressource steigt in beiden Phasen an, $F_R > \alpha c_A$, und es ergibt sich $\lambda_{T_1}^1 < 0$.

Nach (12.13) hat der Pfad von λ_t^1 in $\lambda_t^1 = \frac{U_W}{\delta}$ einen Ruhepunkt mit negativem Vorzeichen. Spätestens mit Einsetzen der Rezyklierungsphase steigt der λ_t^1 -Pfad an. Dies folgt aus (12.10), da die Grenzproduktivität der Sekundärressource ansteigt und c_Z konstant ist. Allerdings kann auch in der Rezyklierungsphase λ_t^1 auf einem Intervall negativ sein. Dies ist der Fall, wenn $F_Z < c_Z$, was möglich ist, da ja die Gesellschaft durch die Rezyklierung von Abfall eine Gutschrift in Form verringerter negativer Effekte aus dem Abfallbestand erhält.

Für den Übergang T_2 von der Endlagerungs- zur Rezyklierungsphase folgt aus (12.25) und (12.26):

$$\lambda_{T_2}^1 \cdot \left[c_A(1-\alpha) + (F_Z - c_Z)\right] = 0 \tag{12.28}$$

Damit ist $\lambda_{T_2}^1 \leq 0$. Auflösen nach λ_t^1 und Gleichsetzen von (12.25) und (12.26) führt zu $\lambda_{T_2}^1 < 0$, da $F_Z < c_Z$. Nach obigen Ausführungen sieht der qualitative Verlauf des λ_t^1-Pfades aus wie in Abbildung 12.4. Der Schnittpunkt mit der Zeitachse liegt, wie aus (12.13) ersichtlich, im steigenden Bereich von λ_t^1.

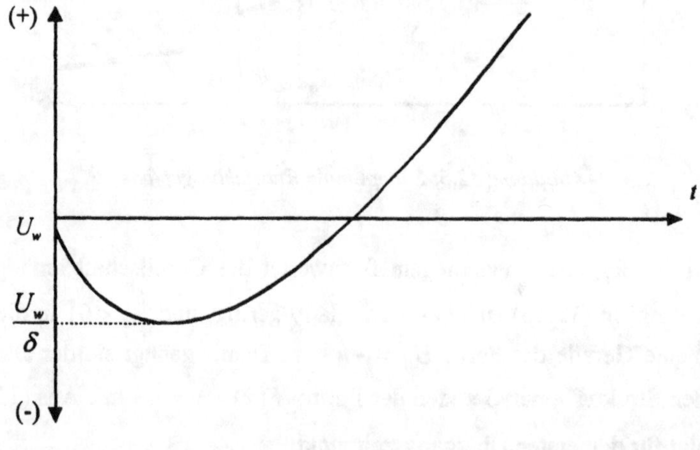

Abbildung 12.4: Qualitativer Verlauf des Schattenpreises für den Abfallbestand

C. Eine alternative Ausgangssituation

Von mehreren möglichen Ausgangssituationen soll im Folgenden kurz eine Alternative zu Abschnitt E angesprochen werden. Der Anfangsbestand an Primärressource sei groß, dadurch ist F_R anfänglich „klein“. Der Abfallbestand sei sehr groß, der Kapitalbestand normal gegeben. Dann ist beispielsweise der Phasenablauf „Endlagerung → Extraktion → Rezyklierung“ denkbar. Da die Abfolgen "Extraktion → Rezyklierung" beziehungsweise „Endlagerung → Rezyklierung“ möglich sind, ist nur zu prüfen, ob einer Endlagerungsphase eine Extraktionsphase folgen kann.

Nach (12.24) und (12.25) muß in diesem Fall $U_C(F_R - c_A\alpha) < \lambda_t^3$ sein, was für hinreichend kleine F_R möglich ist. Die Endlagerungskosten c_A wären in diesem Fall größer als der Schattenpreis für den Abfallbestand λ_t^1. Ohne genauere Modellspezifikation ist diese Alternative nicht auszuschließen

D. Zusammenfassende Modellsicht

Parallelen zur Standardtheorie erschöpfbarer natürlicher Ressourcen, die sich ja auch in den Modellergebnissen zeigten, ergeben sich, wenn das Endlagerungsmodell als ein Modell interpretiert wird, das von **drei Rohstofflagern** ausgeht. Diese unterscheiden sich durch ihre ökonomische Bewertung hinsichtlich Kosten und Nutzen wie in der Tabelle 12.4 dargestellt. Bezüglich der Abbaukosten ist die Analogie zum Herfindahl-Modell offensichtlich.

	Bestand 1 Rohstofflager	Bestand 2 Endlager	Bestand 3 Abfallbestand
Abbaukosten	/	$=0$	$c_Z, c_A < c_Z$
Produktivität	>0	$=0$	>0
Nettoeffekt durch Abfallbildung	$+\alpha R_t$	$-A_t$	$(-1+\alpha)Z_t$
Schadensvergrößerung	$+\alpha R_t$	/	$+\alpha Z_t$
Schadensverringerung	/	$+A_t$	$+Z_t$

Tabelle 12.4: Vergleich der drei Bestände des Endlagerungsmodells

Im Rahmen des vorherigen Abschnittes, in dem das intertemporale Wechselspiel zwischen Abfallbeseitigung und Rezyklierung nur hinsichtlich des Schadens aus einem Abfallbestand untersucht wird, wäre das vorliegende Modell aufgrund der Annahmen über die Kosten trivial. Interessant wird das Endlagerungsmodell dadurch, daß es die Schädigungswirkung des Abfalls und den Aspekt der Produktivität rezyklierungsfähigen Abfalls in einer Welt erschöpfbarer natürlicher Ressourcen vereint.

Im Endlagerungsmodell besteht ein Substitutionsspielraum zwischen Produktion beziehungsweise Konsum und Abfallbestand. Durch Konsumverzicht ließen sich in der Endlagerungsphase folgende Effekte erreichen: Es wird in Höhe des Konsumverzichtes weniger produziert; dadurch baut sich der Abfallbestand weniger stark auf

Konsumverzicht ermöglicht die Allokation von Sozialprodukt (in maximal der Höhe des Verzichts) in den Abfallbeseitigungssektor. Dadurch würde Endlagerung von Abfall ermöglicht, und das Leiden der Gesellschaft unter dem Abfallbestand würde verringert. Die Lebensqualität - gemessen in Konsummöglichkeiten - würde zuerst sinken. Die Endlagerung wiederum würde die Lebensqualität erhöhen. Es deutet sich an, daß die Gesellschaft in der Endlagerungsphase abwägen muß zwischen Wohlbefinden durch Konsum und Leiden unter dem Abfallbestand.

Dieser Abwägungsprozess, in Nutzeneinheiten vorgenommen, wirkt bestimmend auf den Übergangszeitpunkt von der reinen Extraktionsphase, in der die Gesellschaft noch zu keinem Zeitpunkt unter dem Abfallbestand leidet, zur Extraktionsphase mit Endlagerung. Rezyklierung scheidet hier als Alternative noch aus, da zum einen aufgrund der vorhandenen Primärressource die Produktivität des Abfallbestandes noch keine Rolle spielt, andererseits Rezyklierung durch hiermit verbundene Kosten die gesellschaftliche Wohlfahrt schmälert.

In der Endlagerungsphase ist es natürlich nicht möglich, durch Verringerung des Abfallbestandes das Sozialprodukt zu erhöhen.

Die Substitutionalität zwischen Konsum und Abfallbestand hat hier somit einen völlig anderen Charakter als in den Standardmodellen, wo der Konsumverzicht zur Erhöhung des Kapitalstocks beiträgt und darüber Produktionssteigerung ermöglicht für zukünftige Perioden.

Auch erfährt die Standardannahme, daß eine Erhöhung der Konsummöglichkeiten die gesellschaftliche Wohlfahrt steigert, eine qualitative Verschiebung: $U_C > 0$ schlägt hier nicht mehr uneingeschränkt zu Buche, da immer eine Verbindung mit $U_W < 0$ gegeben ist, die formal offensichtlich wird bei Annahme einer multiplikativen Nutzenfunktion.

Da der Abfallbestand sich umso stärker akkumuliert, je größer der Ressourceneinsatz in der Produktion ist, sollte möglichst früh in Sachkapital investiert werden; die Substitution von R durch K (Hotelling-Regel) hätte dann zur Folge, daß trotz steigender Konsummöglichkeiten das Leiden unter dem Abfallbestand, von dem an Endlagerung (gemäß obiger Abwägungen) nötig wäre, hinausgezögert würde.

Literaturverzeichnis

Monographien und Sammelbände

Anderson, F.J. (1991): Natural Resources in Canada. Economic Theory and Policy. Scarborough, Ont.

Ayres, R.U. (1978): Resources, Environment, and Economics. Applications of the Materials/Energy Balance Principle. New York u.a.

Blank, J.E. (1994): Marktstrukturen und Strategien auf dem Weltölmarkt – Spieltheoretische Betrachtungen. Münster.

Buchholz, W. (1984): Intergenerationelle Gerechtigkeit und erschöpfbare Ressourcen. Berlin.

Dasgupta, P.S., Heal, G.M. (1979): Economic Theory and Exhaustible Resources. Cambridge.

Fisher, A.C. (1981): Resource and Environmental Economics. Cambrigde.

Hanley, N., Shogren, J.F., White,B. (1997): Environmental Economics in Theory and Practice. Houndmills/London.

Hartwick, J. M. (1989): Non-renewable Resources Extraction Programs and Markets. Chur u.a.

Hartwick, J. M., Olewiler, N. D. (1998): The Economics of Natural Resource Use. New York u.a.

Hoel, M. (1978): Resource Extraction under some Alternative Market Structures. Meisenheim am Glan.

Kemp, M.C., Long, N.V. (1980, Hrsg.): Exhaustible Resources, Optimality, and Trade. Amsterdam u.a.

Kneese, A. V., Sweeney, J. L. (1985 ff., Hrsg.): Handbook of Natural Resource and Energy Economics. Amsterdam (Vol.1, 1985; Vol.2 , Vol.3).

Lecomber, R. (1979): The Economics of Natural Resources. London/Basingstoke.

Neustadt, L. W. (1976): Optimization. A Theory of Necessary Conditions. New Jersey.

Pearce, D. W., Turner, R. K. (1990): Economics of Natural Resources and the Environment. New York u. a.

Rawls, J. (1971): A Theory of Justice. Cambridge, Mass. (Dt. Übersetzung: Eine Theorie der Gerechtigkeit, Frankfurt am Main 1979).

Ricardo, D. (1817): Principles of Political Economy and Taxation. London.

Siebert, H. (1980, Hrsg.): Erschöpfbare Ressourcen. Berlin.

Siebert, H. (1983): Ökonomische Theorie natürlicher Ressourcen. Tübingen.

Siebert, H. (1985): Economics of the Resource-Exporting Country: International Theory of Supply and Trade. Greenwich, Conn.

Smith, V.L., Krutilla, J.V. (1982, Hrsg.): Explorations in Natural Resource Economics. Baltimore/London.

Ströbele, W. (1984): Wirtschaftswachstum bei begrenzten natürlichen Energieressourcen. Berlin.

Ströbele, W. (1987): Rohstoffökonomik. Theorie natürlicher Ressourcen mit Anwendungsbeispielen Öl, Kupfer, Uran und Fischerei. München

Aufsätze

Bergstrom, Th. (1982): „On Capturing Oil Rents with a National Excise Tax", American Economic Review, 72(1), S. 194-201.

Clausen, H., Wacker, H. (1996): „Rücknahmeverpflichtungen als intertemporales Allokationsproblem", Jahrbuch für Wirtschaftswissenschaften, 47(2), S. 201-223.

Clausen, H., Wacker, H. (1998): „Endogene Rücknahmepolitik in einem dualen Entsorgungssystem", Jahrbücher für Nationalökonomie und Statistik, 217(3), S. 292-307.

Dasgupta, P.S. (1978): „Fairness between Generations and the Social Rate of Discount", Resources Policy, September, S. 172-177.

Dasgupta, P.S., Heal, G. (1974): „The Optimal Depletion of Exhaustible Resources", Review of Economic Studies, 41, S. 3-28.

Eswaran, M., Lewis, T. (1985): "Exhaustible Resources and Alternative Equilibrium Concepts“, Canadian Journal of Economics, 18(3), S. 459-473.

Gaudet, G. , Moreaux, M. (1990): „Price Versus Quantity Rules in Dynamic Competition: The Case of Nonrenewable Natural Resources", International Economic Review, 31(3), S. 639-650.

Gray, L. C. (1914): „ Rent Under the Assumption of Exhaustibility“, Quarterly Journal of Economics, 28, S. 466-489.

Groot, F. et al. (1992): „Note on the Open-Loop von Stackelberg Equilibrium in the Cartel-versus-Fringe Model“, The Economic Journal, 102, S. 1478-1484.

Groot, F. et al. (1996): „Strong Time-Consistency in the Cartel-versus-Fringe Model“, Discussion Paper No. 22, Tilburg University, Center for Economic Research.

Hartwick, J. M. (1977): „Intergenerational Equity and the Investing of Rents from an Exhaustible Resource“, American Economic Review, 67, S. 972-974.

Hartwick, J. M. (1978): „Substitution among Exhaustible Resources and Intergenerational Equity“, Review of Economic Studies, 45, S. 347-354.

Heal, G. (1976): „The Relationship between Price and Extraction Cost for a Resource with a Backstop Technology“, Bell Journal of Economics, 7, S. 371-378.

Herfindahl, O. C. (1967): „Depletion and Economicx Theory“, in: Extractive Resources and Taxation. M. Gaffney, Hrsg.

Hoel, M. (1978): „The Long Run Rate of Profit in an Economy with Natural Resource Scarcity“, Scandinavian Journal of Economics, S. 199-208.

Hotelling, H. (1931): „The Economics of Exhaustible Resources“, Journal of Political Economy, 39, S. 137-175.

Krelle, W. (1984): „Economic Growth with Exhaustible Resources and Environmental Protection“, Zeitschrift für die gesamte Staatswissenschaft, 140, S. 399-429.

Müller, K.-W. , Ströbele, W. (1983): „Wachstum bei begrenzten natürlichen Ressourcen“, WiSt Wirtschaftswissenschaftliches Studium, 12(4), S. 165-173.

Newbery, D. (1981): „Oil Prices, Cartels, and the Problem of Dynamic Inconsistency“, The Economic Journal, 91, S. 617-646.

Nordhaus, W. D. (1973): „The Allocation of Energy Resources“, Brookings Paper on Economic Activity, S. 529-576.

Karp, L. (1984): „Optimality and Consistency in a Differential Game with Non-Renewable Resources“, Journal of Economic Dynamics and Control, 8, S. 73-97.

Karp, L. (1987): „Consistent Tariffs with Dynamic Supply Response“, Journal of International Economics, 23, S. 369-376.

Karp, L., Newbery, D. (1989): „Intertemporal Consistency Issues in Depletable Resources“, Discussion Paper Series, Center for Economic Policy Research, no. 346.

Karp, L., Newbery, D. (1991a): „Optimal Tariffs on Exhaustible Resources“, Journal of International Economics, 30, S. 285-299.

Karp, L., Newbery, D. (1991b): „OPEC and the U.S. Oil Import Tariff“, The Economic Journal, 101, S. 303-313.

Karp, L., Newbery, D. (1992): „Dynamically Consistent Oil Import Tariffs“, Canadian Journal of Economics, 25(1), S. 1-21.

Lewis, T., Schmalensee, R. (1980a): „"On Oligopolistic Markets for Nonreneweable Natural Resources“, The Quarterly Journal of Economics, 95, S. 475-491.

Lewis, T., Schmalensee, R. (1980b): „Cartel and Oligopoly Pricing of Non-Renewable Natural Resources“, in: Dynamic Optimization and Applications to Economics, P.T.Liu, Hrsg.

Osborne, D. (1976): „Cartel Problems“, American Economic Review, 66, S. 835-844.

Pethig, R. (1979): „Die Knappheit natürlicher Ressourcen“, Jahrbuch für Sozialwissenschaft, 30, S. 189-209.

Pethig, R. (1982): „Extraction and Recycling of Depletable Natural Resources“, in: Economic Theory of Natural Resources, W. Eichhorn, Hrsg., Würzburg/Wien, S. 65-80.

Pindyck, R. S. (1978): "Gains to Producers from the Cartelization of Exhaustible Resources", Review of Economics and Statistics, 60(2), S. 238-251.

Plourde, C.G. (1972): „A Model of Waste Accumulation and Disposal“; Canadian Journal of Economics, 5(1), S. 119-125.

Salant S. (1976): „Exhaustible Resources and Industrial Structure: A Nash-Cournot Approach to the World Oil Market", Journal of Political Economy, 84, S. 1079-1094.

Solow, R. M. (1974): „Intergenerational Equity and Exhaustible Resources". Review of Economic Studies, 41, S. 29-45.

Ulph, A., Folie, G. (1980): „Exhaustible Resources and Cartels: An Iintertemporal Nash-Cournot Model", Canadian Journal of Economics, 13, S. 645-658.

Ulph, A., Folie, G. (1981): „Dominant Firm Models of Resource Depletion", in: Microeconomic Analysis, Currie, D. et al., Hrsg.

Withagen, C. (1990): „Topics in Resource Economics". In: Advanced Lectures in Quantitative Economics, v.d. Ploeg, F., Hrsg.

Stichwortverzeichnis

S

W

Z

www.ingramcontent.com/pod-product-compliance
Lightning Source LLC
LaVergne TN
LVHW010547300926
849162LV00002B/258